천상병을 말하다

저자와
협의하여
인지 생략

천생병을 말하다

지은이 | 천승세 외 34인
펴낸이 | 一庚 張少任
펴낸곳 | 도서출판 답게

초판 인쇄 | 2006년 3월 2일
초판 발행 | 2006년 3월 6일

주 소 | 137-834 서울시 서초구 방배4동 829-22호
　　　　원빌딩 201호
등 록 | 1990년 2월 28일, 제 21-140호
전 화 | 편집 02)591-8267 · 영업 02)537-0464, 02)596-0464
팩 스 | 02)594-0464

홈페이지 : www.dapgae.co.kr
e-mail : dapgae@chollian.net
ISBN 89-7574-195-8 03810

나답게 · 우리답게 · 책답게

ⓒ 2006, 천승세 외 34인

* 잘못된 책은 바꾸어 드립니다.

천상병을 말하다

천승세 외 34인

도서출판 답게

서 문

　사람들은 천상병을 좋아한다. 천상병에 대해 말하기를 좋아한다. 풀이죽었던 사람도 어디서 힘이 솟구치는지 천상병을 말할 때 천상병처럼 웃는다.
　천상병, 그는 늘 웃고 살았다. 웃고 싶어서 웃었고 울고 싶어도 웃었다. 술을 마시고 웃었고, 친구가 좋아서 웃었고 아이들이 좋아서 웃었다.
　그를 쳐다보는 세상의 눈이 따뜻해서 웃고 차디찬 냉대에도 그는 웃었다. 이빨 빠진 못난 웃음을 함박꽃처럼 터뜨렸다.
　그 웃음에서 사람들은 위안을 얻었고 거리의 바닥을 누비던 병든 성자에게서처럼 살아가는 의미를 되찾았다.
　사람들은 그의 어린 날을 말하고 그의 천재성을 말한다. 지(知)적이고 이성적으로 한 시대를 긴장시킨 그의 산문시대를 말한다.
　그러나 그는 오래전부터 허무주의가 장엄하다는 것을 들여다볼 줄 알았고, 프랑스 혁명의 진실을 이끌어낼줄 알았다. 그의 삶은 곧 아름다운 소풍이었고 무소유의 낙원이었다.
　시가 언어의 축제라고 누가 말했던가.

천상병은 매일매일 그 축제속에서 웃으며 즐겁게 살다갔다. 문학이 역사보다 진실하다는 확증을 그는 우리에게 보이고 갔다.
 곁에 있을 때 그의 삶 속의 진실을 아껴주던 이들이 여기 모였다. 아직도 웃고 그와 함께 한잔 하듯이 여기 모였다.
 많은 독자들이 이 즐거운 낙원의 축제에 동참하여 주기를 바란다.

시인 朴貞姬

차례

나의 천상병은…
천의무봉의 순수한 악동을 그리며 (권용태) _10
나의 천상병은… (천승세) _18
죽은 천상병에게 고맙다 (성춘복) _26
천상병과 나는 베를렌과 랭보처럼 (황명걸) _33
문인촌에서 법정까지 (한승헌) _44
떠돌이 기인, 천상병 (강홍규) _52
나의 사위, 천상병 (조성대) _68

글로 그린 천상병 캐리커쳐
막걸리만 먹고 사는 시인 천상병 (정호승) _74
그리운 얼굴 (김영태) _84
모델료 받아 노잣돈 하겠다던 천상병 선생님 (조문호) _90
전설의 고향 (주재환) _93
무주총에 대하여 (김신용) _97
천상병, 그에게서 느끼는 불가해한 부끄러움 (김청조) _107
내가 아는 천상병 시인의 부인 목순옥 여사 (최정자) _116
도인 천상병과 술 한잔을 (이외수) _121

천상의 시인, 천상병의 문학세계
천상병 대표시세계 산책 (이경철) _124
천상병 시의 재평가 (구중서) _146
천상병 시 속에 나타난 가난 (안선재) _165

한 예술가의 길 (구중관)_174
하늘로 날아간 새의 시인 천상병 (민영)_182
천진성, 빗장을 열고 맨발로 다가오는 (정진규)_189

소풍이 끝나고…
소풍 끝난 뒤 (배평모)_196
귀천 그리고 천상병 선생님 (임계재)_205
지금도 그 담요 잘 덮고 계셔요? (허태수)_209
천생연분 (안동해)_216
어려울 때 마음을 고쳐잡을 수 있는 힘 (김언경)_222
마지막 순수시인을 추억하며 (김민홍)_228
성모 마리아상 앞에서 기도를 (노명순)_231
인사동의 마지막 블루스 (박인식)_238
천상병 시인을 그리워하며 (진관)_248
어느 시인에 얽힌 전설들 (이만주)_253

아주 특별한 인연…
천상병 예술제를 준비하며 (김문원)_260
천상에서 내려온 끈 (강애심)_263
귀천극장(歸天劇場) (정규수)_270
「귀천」 시비를 세우기까지 (김선옥)_274
뉴욕의 〈천상병 시인 10주기 추모제〉를 마치고 (최정자)_279

나의 천상병은…

천상병은 일상의 생활이 정직성으로만 일관했다.
화내야 마땅할 던적스럽고 아니꼬운 자리에선
스스럼없이 뿌다귀를 세우고,
오랜만에 살맛나는 마당에 앉았다 하면
동남아산 도마뱀처럼 "가갈갈 가갈가갈" 목젖 찢어져라 웃고,
술을 퍼담았다 하면 마땅히 정상적으로(?) 취했고,
조용히 앉아 있어야 할 자리에선
눈꺼풀 깊게 내려닫고 군소리 없이 썩었다.

천의무봉의 순수한 악동을 그리며

권용태(전국 문화원협회 회장)

천상병과의 첫만남

내가 천상병을 처음 만난 것은 기억은 못하지만 56년 가을이었던 것 같다. 그 자리에는 우리 문단의 기인으로 알려졌던 김관식과 이현우가 동석해 있었다. 당시 우리는 채 걷히지 않은 전쟁의 포연과 폐허 속에서도 낭만의 끈만은 놓치지 않고 매일 저녁나절이면 약속이나 한 듯 문화예술인들의 해방구였던 명동으로 모여들었다.

그때의 명동은 어수선했지만 문학에 대한 열정이 넘쳐흘러 〈동방살롱〉이나 〈갈채〉〈서라벌〉〈문예살롱〉〈청동〉 그리고 〈은성주점〉〈돌체〉나 〈르네상스〉 같은 음악감상실에 들르면 당대의 기라성 같은 문인들이나 문학지망생들이 포진해 있었고 누가 사든 도라지위스키나 막걸리에 거나하게 취해 있었던 분위기였다.

명동은 그야말로 우리 젊은 문인들의 뜨거운 용광로였다.

좌절과 절망 가운데서도 우리는 비분강개하고 오히려 이런 분위기를 즐겨서 모여들었던 것 같다.

내가 천상병을 처음 만난 곳은 음악감상실이었다. 〈돌체〉의 한 구석진 곳으로 여겨지는데 당대의 주객으로 천하를 호령했던 관식의 소개로 상병과의 만남은 이루어졌다.

처음 만난 사람끼리의 격식을 갖춘 정중한 인사교환이 아니라 몸을 가누기 어려울 정도로 비틀거리며 혀가 꼬부라진 소리로 간단히 통성명을 나누고 십년지기의 허물없는 친구처럼 금방 친해졌다.

우리 넷은 그날 저녁 이집 저집 주점을 순례라도 하듯 있는 대로 젊은 객기를 발산하다가 통행금지 시간이 다 되어서야 흑석동에 있는 내 하숙집으로 몰려갔다.

그때만 해도 발길 닿는 대로 아무데서나 하룻밤 잠자리를 청했던 떠돌이 생활이라 오래간만에 하숙집에 찾아들어간 것까지는 좋았는데, 남들 다 자는 밤중에 그것도 천하의 주정꾼들이 합창이나 하듯 대문을 두들겨댔으니 고요했던 주인집이 벌집 쑤셔 놓은 듯 발칵 뒤집어지고 말았다.

설상가상으로 비틀거리며 방에 들어선 현우가 주머니에서 다 떨어져나간 종이쪽지를 꺼내더니 난데없이 큰 소리로 「끊어진 한강교」라는 자작시를 고래고래 읽어대기 시작하자 상병은 그 특유의 메기입술로 "…제기랄, 제기라알! 뭣이라꼬? 그것이 시라고 썼나? 이 문디 자슥아"라며 억양 센 경상도 사투리로 욕설을 계속 쏟아부었다. 관식도 '대한민국 국민여러분'으로 시작하는 선거유세장을 방불케 하는 연설로 '혁명'이 일어나야 한다느니, 내가 혁명을 일으킬 것이라느니 하고 떠들어댔으니, 우리가 그날 밤 온 동네에 일대 소동을 벌이고야 말았던 것이다.

난감하기 짝이 없는 분위기 속에서 취기까지 가셔버린 나는 그날 밤을 뜬눈으로 새웠다. 그리고 며칠 후 그 하숙집에서 끝내 짐을 옮길 수밖에 없었다.

어느 작가의 출판기념회장에서 있었던 일

내가 순수문예지였던 『자유문학』을 통해 문단에 등단을 할 때는 우리의 활동 무대가 명동에서 광화문으로 옮겨져 옛날 문총(文總-지금의 조선일보 뒤)이 있던 뒷골목을 누비고 다니던 시절이었다.

그러던 어느 날 나는 상병과 관식, 현우와 함께 주막에서 술을 마시고 있었다. 그런데 느닷없이 관식이가 누구에게 초대를 받았다며 자기를 따르라고 했다. 그렇게 찾아간 곳이 광화문에서 열리고 있던 어느 작가의 출판기념회장이었다.

당대의 명사들과 문인들이 자리한 가운데 조용하고 엄숙하게 진행되던 출판기념회장이 우리 네 사람의 습격(?)으로 순식간에 아수라장이 되어버린 일은 지금도 잊혀지지 않는다.

내 기억으로는 그날 고 백상 장기영(故 百想 張基榮 : 한국일보 사주로서 당시 부총리 겸 경제기획원 장관) 씨가 축사를 하고 있었는데 기념회장에 들어선 관식이가 축사를 중단시킨 채 마이크를 잡고 장광설을 늘어놓기 시작했다. 이에 뒤질세라 상병이가 마이크를 뺏어 "문디 자슥아, 나도 한 마디 하겠다"고 달려드는 판국이 벌어졌다. 나와 현우는 선거유세장의 박수부대처럼 맨 앞줄에 퍼지고 앉아 "옳소! 상병이, 관식이 잘한다"라며 손뼉을 쳤으니 엄숙했던 출판회장은 엉망이 되어

버렸다.

좌정했던 하객들은 봉변이라도 당할까봐 하나 둘 빠져나갔고 이날의 주인공인 작가 M이 황당하고 낭패한 얼굴로 어쩔 줄 몰라 했던 기억이 생생하게 떠오른다.

우리는 남의 출판회장을 쑥대밭으로 만들어 놓고 차려놓은 음식상에 붙어 마치 전승자처럼 축배를 들었으니 실로 어이없는 객기의 망발이었다.

소설 『푸른 날개』의 무단 방송과 남대문 합숙소 시절

62년 초, 잠시 남산에 있던 중앙방송국(오늘의 KBS 전신)에 임시로 몸을 담고 있을 때 상병과 현우가 낮술에 거나하게 취해 휘청거리는 걸음걸이로 내 사무실을 찾아왔다. 그러더니 상병이가 불쑥 내게 김말봉 선생의 인기 신문연재소설(조선일보 연재) 『푸른 날개』를 라디오에 연속 방송을 해보지 않겠느냐고 제의해 왔다. 『푸른 날개』는 당시 우리 문단의 대중 소설에 있어서 거의 독보적인 존재였다.

김말봉 선생은 현우의 어머니였고, 현우가 상병을 앞에 내세워 제의를 해온 것이었다. 물론 두 사람의 제의고 술값을 조달하기 위한 것이었으니 나는 앞뒤 생각없이 그렇게 하겠노라고 했다.

얼마 후부터 KBS 라디오를 통해 전국에 소설 『푸른 날개』의 연속 낭독이 방송되기 시작하였다. 그런데 방송이 나간 지 열흘도 안 됐을 때 방송국에서 난리가 났다.

나중에 안 일이지만, 연속 낭독하게 될 이 작품에 대해서 말봉 선생과는 일언반구 협의를 한 적이 없었던 것이다. 말봉 선생은 작가의 입장에서 항의를 하며 이 소설이 방송되기까지의 경위를 알아봐달라고 연락을 해왔던 것이다.

그때 나는 이미 두 사람이 말봉 선생께 연속 낭독에 대해 충분히 말씀을 드렸겠지, 믿고 있었고 선금으로 받은 거금의 방송료를 두 사람에게 전달한 뒤였고 영수증에는 작가 대신 내가 영수인으로 서명한 상태였다.

두 사람은 그 큰 돈을 나에게 넘겨받은 뒤 거의 몇 달 동안 연락이 없었기 때문에 나는 말봉 선생의 항의와 오해를 뒤집어 쓴 채 방송국에서도 견책을 당해 사표를 내야 했다.

상병과 현우가 매일 저녁 명동에서 술값을 도맡아 내고 있다는 소문만 들려올 뿐 그 둘을 만날 수가 없었다.

말봉 선생이 돌아가시는 날까지 나는 그 오해를 풀어드리지 못하고 말았다. 그때는 두 사람을 만나면 가만두지 않겠다는 노여움으로 가득차 있을 뿐 어쩔 도리가 없었다.

몇 달이 흐른 어느 날 아침, 내가 새로 옮겨간 직장(당시 국회 도서관)의 면회실에 두 사람이 나타났다. 만나는 순간 나를 놀라게 한 것은 둘의 거지 형상(?)이었다. 남루한 양복이나 신발은 말할 것도 없고 세수나 면도를 한 흔적조차 없는 얼굴은 온통 검정 그대로였다. 게다가 둘이서만 온 것도 아니고 몇 사람의 거지떼(?)를 몰고 온 것이었다.

나는 그 때 두 사람에게 방송료 횡령에 대한 노여움보다도 당장에 내 앞에 닥친 이 패거리들을 어떻게 해야 좋을지 몰라 너무도 당황한 나머지 사무실에 들르지도 못하고 근처 해장국집으로 그 일행들을 인솔하여 손님을 치를 수밖에 없었다.

 나중에 안 일이지만 둘은 돈이 떨어지자 남대문 시장 근처 한 여인숙에 거처를 정하고 합숙소 같은 넓은 방에서 날품팔이꾼, 마약중독자, 소매치기들과 어울려 지냈다고 했다. 그 순수한 폐인들에게 공술을 얻어먹으며 영화 얘기나 문학 얘기를 들려주곤 했는데, 그 얘기를 듣고 있던 그들의 표정이 꼭 교주의 설교를 듣는 광신자들처럼 그렇게 진지할 수가 없었단다.

 그러면 두 사람은 더욱 신이 나서 그들에게는 생소한 〈알 카포네〉의 영화 얘기며, 일본의 검객이야기, 거기에다 한술 더 떠서 기욤 아폴리네르의 시를 멋지게 낭송하는 것으로 끝을 장식했는데 듣고 있던 그들에게는 그것이 무척 신기한 이야기들이었던 것이다. 신기한 이야기와 더불어 특유의 미소와 만족감으로 두 사람은 목조 좌판 위 잠자리에서 상석의 대우를 받고 있다고 했다.

 몇 달 뒤 내가 남대문 합숙소에 찾아갔을 때 현우는 부산에 내려갔다는 말을 마지막으로 더 이상 소식을 들을 수 없었고 상병은 다시 명동과 인사동 거리에서 종종 만날 수 있었다.

"야놈! 야놈 니 마누라 좋다"

 상병은 돈에 관한 관념이 거의 없었다. 누구를 만나서도 당당히 용돈을 요구했고 친구들에게도 세금을 거두었다. 그러나 천원, 이천 원, 삼천 원 정도가 고작이었고 돈이 많은 친구에게는 오천 원 정도가 최고 액수의 세금이었다. 그는 이 돈으로 막걸리와 아이스크림을 사먹으며 행복을 누리고 살았다.

상병은 막걸리 한 잔으로 얼근해지면 메기 같은 입술로 지나가는 친구에게 뽀뽀를 하는 버릇이 있었다. 그런 탓으로 상병을 만나면 슬슬 피해 달아나는 친구도 있었지만 나는 상병에게 선제공격(?)을 감행했다. 내가 먼저 뽀뽀 한 번 하자고 달려들면 상병은 정신없이 도망을 가곤 했다.

아내와 내가 함께 시내 외출을 하는 날이면 아내는 꼭 인사동 〈귀천〉에 들러 상병에게 세금을 내고 가자고 했다. 순진무구한 상병을 만나는 일이 그렇게 즐거웠던 모양이었다. 회갑을 지나서도 철이 들지 않았던 상병을 만나는 일은 나에게도 기쁨이었다.

아내와 함께 마주 앉아 있노라면 상병은 "문디 자슥! 장가 한번 잘 갔다. 제기랄, 제기라알! 야놈, 야놈, 니 마누라 이뿌다 이뿌다. 나 뽀뽀 한번 했으면 좋겠다. 좋겠다"라고 했다.

그러면 나는 으레 "해라, 해라, 실컷 해라. 야놈 야놈아"라며 응수했고, 우리는 웃었다.

그를 만나면 젊은 내 신혼 시절 생각이 나곤 했다. 회현동에서 신접살림으로 셋방살이를 하고 있을 때 통행금지 시간이 넘으면 상병은 명동 근처에 있던 내 집으로 쳐들어오곤 했다. 대문을 열어주지 않으면 담을 넘어 들어왔고 신혼부부 사이에 끼어 한 이불에서 잠드는 것까지도 예사로 느껴질 정도였다. 아내가 해산을 해서 미역국을 한 솥 끓여놓고 잠들었는데 아침에 자고 나니 몽땅 비어있기도 했고, 깔고 자던 이불에 세계지도가 그려져 있기도 했다. 그러고는 새벽이 밝기 전에 도망치듯 사라졌다.

천의무봉의 그 순수한 악동!
상병아!
우리를 어린애처럼 즐겁게 했던 네가 하늘나라에 소풍 가듯 보금자리를 마련하고 관식이랑 현우랑 봉우랑 어울리며 이 땅에서 못다한 풍류를 즐기고 있는지 궁금하기만 하다.

나의 천상병은

천승세(소설가)

　천상병이 저승 동네에 든 지도 어언 일년이 채워간다. 도봉경계(道峯境界)의 거처에 누워 풋각시 같은 아내의 부탕도화(赴湯蹈火)격 사랑에 감복하여 "문디이 가시나! 문디이 가시나!"를 수삽스럽게 엉절거릴 듯싶기도 하고, 혹은 인사동 〈귀천〉에 너볏이 버티고 앉아 진객들과 더불어 좌수우응(左授右應) 갈갈거리며 쥔 행세 한 번 톡톡히 위세 재고 있을 성싶기도 한데, 정작 그의 적멸(寂滅)이 벌써 한 해를 넘겼다니······ 인생의 허무함과 정한의 착잡함을 비껴 갈 길이 없다.

　시집이라면 모를까, 그 어느틈에 이처럼 많은 분량의 산문을 남겨 '추모문집'을 펴내기에 이르렀다니, 살아남은 붕지(朋知)로서의 기쁨과 보람은 예삿것일 수 없다. 하지만 한편으로는 깨끔한 기분보다 단작스러운 느낌이 곁들기도 한다. 이를테면 고인의 명오(明悟)한 유문(遺文)에 객담스럽게 껴들어 발사(跋辭)함도 경망스러웁거니와, 더구나 고인의 인품과 유관한 객설을 자의로 발라맞추는 짓거리는 자칫 편벽의 망언에 버금가기도 하는 까닭이다.

　왜 이런 말을 두서삼는가 하면, 예컨대 '추모의 글' 'xxx와 나' 하는 따위의 글들을 읽는 동안, 나는 고인의 망혼이 들으면 진노대발할 허튼소리들을 심심찮게 발그집었기 때문이다. 생전에는 고인과 겨우 살거리 인사나 주고받던 자가 느닷없이 맘놓고 붕우지교를 창작해 내는가 하면, 별달리 친교가 없었던 자가 고인의 인품 성품 모조리 제 편할 대로 타래 묶음 해서 흰소리를 짱알대기도 하고, 심지어는 생전의 고인에게는 감히 부접도 못 했던 자가 고인을 제 수하의 우졸(友卒)쯤으로 속 편하게 회상해 버리는, 이른바 꾀바른 무문곡필(舞文曲筆)의 유행을 우려하는 탓도 되겠다.

이제야 회상해 보거늘, 나는 천상병과 더불어 어지간히 '사람냄새' 나는 우정을 반죽치며 살았던가 싶다. 여기서 말하는 '사람냄새'란 바로 영민한 생활률이나 그악스러운 문명적 처세술과 철저히 무관했던, 이를테면 다분히 '비문명적(?)'이었던 그와의 연분을 뜻한다.

요목조목 시시콜콜 그럴싸한 보기를 일일이 들어세울 필요가 없다. 한 가지의 보기만 들어 그와 나의 '사람냄새' 났던 운명적 우애를 설명코자 한다.

원래 천씨 문중은 본(本=관향)이 하나이다. 그만큼 상하의 예도가 엄절하다. 항렬로 따져볼진댄 내가 그의 삼촌뻘이다. 그러나 그는 죽을 때까지 나를 이렇게 불렀었다.

"문디이 자슥."

"지랄같은 삼촌 놈아."

인본의 격식이나 정례를 이쯤 깨부순 파격적 우정이었으려든 나만큼 천상병을 똑바로 알고 있는 사람도 드물 것이라는 생각을 감히 다져 본다. 이런 믿음을 앞세워 꼭 하고 싶은 몇 가지만 끄적거릴 셈이다.

천상병은 살아서도 '기인'이었고, 죽어서도 '기인'으로 기억될 줄 안다.

나는 '천상병=기인'이란 세속적 등식을 어지간히 싫어한다. '기인=기이한 사람, 성질 언행이 이상 야릇한 사람'이란 국어사전의 외통수 뜻풀이에다 천상병을 끈질기게 용접(?)하려는 통념적 이해가 뇌꼴스럽고 야살스럽다. 흔치 않은 외형적 특질에 안달복달 애끓이고, 기왕이면 예사스럽지 않은 언행을 적절히 어리반죽 쳐서, 스스로 '기인' 행세를 실연하며 물신시대의 기호에 절묘하게 영합하는 검측스러운 패거리와 천상병을 한 두름에 꿰는 짓거리는 범죄에 가깝다.

그렇지 않겠는가. 오죽이나 자신없고 못난 녀석이 제 타고난 천성은 뒷전치고 부러 '썩 드문 사람'인 체한단 말이냐. 천상병은 육십 평생을 마감하는 날까지 제 실체와는 거리가 먼 가짜 형상과 생각을 만들어 제 본체인 양 살아본 적이 없다. 쉽게 말해, 천상병은 제 분수에 맞지 않은 행동거지를 '풍년거지 반자상 구걸하듯' 역부러 짜맞춰 '이상야릇하게' 살진 않았다.

작위적인 '기인'들은 객관적 대상의 감상적 판별력에 무척 예민해야 한다. 다시 말해, 제 언행의 결과에 따라 만들어진 손익을 가량하며 무서운 순발력으로 대처한다는 이런 말이다.

천상병은 일상의 생활이 정직성으로만 일관했다. 화내야 마땅할 던적스럽고 아니꼬운 자리에선 스스럼없이 뿌다귀를 세우고, 오랜만에 살맛나는 마당에 앉았다 하면 동남아산 왕도마뱀처럼 "가갈갈 가갈가갈" 목젖 찢어져라 웃고, 술을 퍼담았다 하면 마땅히 정상적으로(?) 취했고, 조용히 앉아 있어야 할 자리에선 눈꺼풀 깊게 내려닫고 군소리

없이 썩었다.

　천상병이 얼마나 천진한 정직성으로 주물럭무침한 사람인가를 실증할 적실한 일화가 있다.

　60년대 초였을 것이다. 명동의 〈금문다방〉에 문사 대여섯 명이 오구구 모여 커피를 할짝대고 있었는데 천상병이 관행적 술값 수금(?)에 나섰다. 모두 거절하자(소문대로 주라면 주라는 대로 다들 갖다 바쳤는가?) "이런 제기라알! 그렇게 돈들이 없단 말이야?" 노성 일갈하고는 쓸쓸히 사라졌다. 내가 뒤따라 나가 쌍과부집에서 합석했다. 심심한 판이라 앞뒤 가림 없고 거짓말 한 구절 술안주 삼아 읊었었다.

　"아무개가 돈 주려고 막 지폐를 빼는데 방정떨고 나갔지 뭐야."

　천상병이 술자리를 차고 일어섰다.

　"정말이야?"

　"그렇다니깐, 이 중생아!"

　천상병이 헐씨근거리며 쌍과부집을 나갔다. 한참 있다 돌아온 그가 다짜고짜 악을 쓰는 것이었다.

　" 이 문디 자슥! 왜 거짓말을 하는 거야?"

　"……뭐얼?"

　"요 벨아먹을 문디이 자슥이 그래도? ……니가 참말로 봤다꼬?"

　"그랬다는데 왜 그래?"

　"왜 거짓말을 하노 말닷! 그럴 사람이 아니라꼬 열 번을 물어봤는데도 한푼 없다는데! 이 문디이 자슥, 승세 네가 거짓말했지? 아앙?"

　마지못해 "그랬다 왜? 그게 무슨 큰 일이라고 지랄은 지랄인가!" 했더니 천상병은 항마검 뽑아든 관우처럼 사뭇 제정신이 아니었다. "추악한 놈""나쁜 놈""천벌받을끼다, 문둥아!" 등 온갖 욕설을 혓바닥 쥐나도록 퍼붓고 나간 천상병은 그날로부터 근 사나흘 동안 나를 보고도 못 본체 데면데면 했던 것이다. 그의 태도가 어찌나 완강했던지, "사과하면 용서해 줄끼다! 진실로 반성한다면 용서를 빌라꼬" 하는 삿대질에 어쩔 수 없이 경복했었다. 곧이 들리시겠는가!

또 한가지 밝히고 싶은 것이 있다. 사주는 술 얻어마시고 술값 꽤나 수금했던 죄로, 이른바 '동백림 간첩단 사건'에 죄없이 연루되어 호된 곤혹을 치른 후 풀려났을 때였다. 다방, 〈송원기원〉 어느 곳에서건 천상병은 그 옛날의 우대(?)를 받을 수 없었다. 천상병은 쓰리고 아파했다. 처량하고 쓸쓸했다. 천상병이 나타나면 그립던 얼굴들이 머슬머슬 피하고 영바람 앞세워 독장쳤던 수금 공간(?)은 차갑고 허전하고— 결국 천상병은 전깃불도 없는 무허가 판잣집으로 기어들었다. 우이동의 내 사글셋방이었다. 일곱 달 동안을 함께 지냈다. 그 많은 나날들마다 번드쳤던 수많은 사건 일화들은 단행본 한 권 분량은 되겠거니와, 그가 내 셋방을 점거(?)한 뒤의 거진 한 달 남짓 앓았던 천상병의 속병은 나만이 알고 있을 것이다.

낮이면 북한산 심곡을 더듬고, 밤이면 석유 등잔불 아래서 무릎을 괴고 앉은 채 "제기라알! …… 세상이 이렇게 삭막하단 말가? ……이렇게 쓸쓸해도 되는 걸까? 참말?"

헛소리처럼 읊었다.

"다 그런 게 아니냐?"

"무엇이?"

"물정의 상정이란 게 그거지 뭐가 또 있어?"

"……네 말이 틀려, 요 문둥아! 세상은 아름다운 거야!"

"그럼 그만 앓아!"

"요런 제기라알!……제기라알!"

천진무구의 정직성이 따로 있겠는가. 사막스러운 상정의 예사스러운 변질을 속병 앓으며 무극지선(無極至善)의 '꿈' 만 가꾸고 소망했던 그 적의 천상병을 잊을 길 없다.

천상병이 '작위적 기인' 들의 두름에서 해방되길 소원한다. 셰익스피어는 세상을 '바보들의 위대한 무대' 로 봤고, 도온톤 와일더는 "이 세상 사람들 중 구십구 퍼센트는 기인이고 나머지 보통 사람은 끊임없이 기인적 감염의 위험에 처해있다"고 진단했었다. 천상병을 한사코 '작위적 기인' 으로 추앙(?)하는 사람들은 '위대한 무대에 선 바보들' 일런지도 모르겠고, 어쩌면 천상병은 '감염' 의 위험에 놓여있다 청징한 심장을 불살라버린 나머지 일 퍼센트의 개결 평범한 생명이었었는지도 모른다.

천상병이 '기인' 이었을 수도 있겠다는 참으로 다행스러운 믿음이 전혀 없는 건 아니다.

『악인명부』, 『사기꾼 열전』의 저자로 유명한 제이 로버트 내쉬는 그의 또다른 명저 『세계 기인 열전』에서 다음과 같이 '기인 헌장' 을 선포했다.

첫째, 기인은 존경받는 일은 없지만 왠지 모르게 사람들로부터 사랑받고 외경심의 대상이 되는 인간이어야 한다.

둘째, 기인은 일생동안 기인이어야 한다.

셋째, 기인에게 있어서는 기행이 일상적인 것이어야 한다. 한때의 변덕이나 돌발적인 행동은 일시적인 기행에 지나지 않는다.

넷째, 기인은 꿈꾸는 사람이어야 한다.

다섯째, 기인은 그의 행위에 의하여 사회에 얼마 간의 강한 충격을 주어야 한다.

여섯째, 기인은 그의 행위를 작위적인 것이 아니라 자연스럽게 몸으로 완수시켜야 한다.

이렇게 여섯 가지 자격 기준을 설정한 속뜻을 그는 또 다음과 같이 밝힌다.

"기인은 유별난 꿈과 정열의 소유자이고, 세속적인 관행을 무시하며, 사회적 권위와도 무관하며, 사회의 풍습이나 통념과는 상관없이 오로지 자기의 길을 걸어간 사람들이다. 그들은 확실히 보통 인간은 아니다. 매우 진실하게 평범하고 자유로운 인간들이다. 따분한 인습이나 전통에 속박되지 않고, 형식의 예복을 벗어던지고, 인간을 정해진 틀에 끼워넣으려고 하는 획일적 사회구조에 등을 돌린, 너무나 정직해서 경이로울 수밖에 없는 인간들인 것이다."

제이 로버트 내쉬의 기인 자질 진단과 소견은 어떤 면에서 천상병을 대상 삼은 듯한 착각마저 일게 한다.

개아적 취향의 상징성을 약두구리 삼고 적절한 기행을 또 간맞춤 격으로 숙련시킨 의도적인 기인들은, 오늘도 인사동 거리를 떠죽거리며 제 '사람값' 과 '멋' 을 알아줄 대상을 정탐할 것이요, 문명의 허설수에 넋나간 '대상' 들은 무름하게 더펄거리며 유련황락(流連荒樂)의 허경함을 즐길 것이다.

제이 로버트 내쉬의 말처럼 '너무나 정직해서 경이로울 수밖에 없었던' 천상병. 지선한 아름다움이 일상의 꿈이었기에 감동과 편벽의 '대상'도 필요없이 실행 현재형의 삶만 살다간 천상병.

조잡스럽고 헐거운 객기들이 세상을 주름잡는 세태 탓일 것이다. 천상병이 미치게 그립다.

(1994년 4월)

죽은 천상병에게 고맙다

성춘복(시인)

 '어, 임마' 하고 나를 부르는 것이 첫인사였던 천상병 시인은, 내가 그로부터 요청받는 돈의 액수가 일정했다. 물론 다른 여느 친구도 다 일정하기는 마찬가지였다. 그러나 그들에 비해 나는 서너 곱은 되는 금액이었다. '석 장!', 그랬다. '인마'가 되었든 '임마'가 되었건 우리들 남녘 사람들은 가까울수록 더 혀가 짧은 말로 그 호칭을 삼았다. 그러니 막 북녘으로부터 건너오기 시작한 '새끼'라는 호격(呼格)보다는 한결 다정하고 멋스런 것이었다.
 그런 호칭과는 달리 내게 서너 배가 높은 값을 매기고 손바닥을 오므라뜨리는 이유는 어디서 비롯된 것인지 확실히 알 수가 없다. 짐작컨대 내가 잠시나마 자랐던 항구도시 부산으로 내려가 살던 때의 입장을 천상병 시인이 보고 들어 그런 엄청난 값을 매긴 것은 아닌가 싶다.
 그것은 학교를 졸업하고 결혼 뒤 직장생활을 하던 나의 꼬락서니를 보다 못해 거의 강제로 부산으로 송환시켜 집안일을 돕게 하려던 내 부모님의 일과 무관하지 않다. 50년대로부터 60년대로 건너온 당시엔 문학을 한다는 일도 미덥지 않을 뿐더러 직장에서 얻은 소득으로 아이까지 붙은 살림형편을 탐탁지 않게 여겨 어느 하루아침에 강제 퇴직을 시켜 식솔을 몰아갔었다.

난데 없는 부산 생활도 몇몇 지우(知友)들과 동인활동을 하는 것으로 위로를 삼았으나 내 마음에 차지 않은 듯 늘 내 정상은 한참 허공을 돌아 서울의 명동에 가 있곤 했다.

늦은 오후면 명동의 〈갈채〉나 〈금문〉 혹은 〈르네상스〉나 〈동방살롱〉쯤 지나 여러 술집을 전전하던 서울에서의 얼마 동안의 습벽이 내 부산 생활의 오후를 무척 쓸쓸하고 우울하게 했던 모양이다.

내 딴은 이곳 생활이 유배나 다름없다 생각하여 어쩌다 서울에서 내려온 문우가 비치면 무슨 구원의 깃발이기나 한 양 붙들고 늘어지기 일쑤였다. 구자운 시인이나 천상병 혹은 탈속하지 못한 승려시인이라도 혹 그곳에 비치면 가릴 것 없이 선친의 단골 술집이나 동래 온천장으로 몰아붙여 시간을 늘여 붙이곤 했다.

당시의 동래나 해운대의 밥집, 술집, 온천 따위는 작부(酌婦)들이 있어서 찬거리를 집어 먹여주거나 함께 탕으로 내려가는데 그 시간을 따져 꽃값(花代)을 계산하는 방법이었다. 그래서 애써 내쫓지 않으면 저들은 일당을 높이기 위해서라도 계속 눌러앉아 있기 마련이었다. 나머지는 달아놓는 외상이지만 사람값인 꽃값은 현찰을 주어야 하기 때문에 나는 그런 때를 위해 한정된 현찰을 주머니에 넣고 있어야만 했다.

거기에다가 선친의 차를 그때는 빌려 쓸 수도 있어서 당시의 형편으로는 남 보기에 상당히 여유가 있는 듯했을 터이다. 또 이왕 신세를 질 바에야 오랜만의 객고(客苦)도 풀 기회를 인색하게 끊을 수는 없다 싶어 내 딴은 부합하여 웬만한 풍성을 꽤 떨지 않았나 기억된다.
이런저런 연고로 천상병 시인의 기억이 나의 상경 후 생활에도 거푸 곱쟁이 집수 명목을 멈추지 않았나 싶다.
"삼천 원만!"
내게는 왜 다른 사람의 일천 원이 아니고 그렇게 많으냐고 물으면, "임마, 넌 부자니까!"라는 간단한 대답이다. 다시 그 까닭을 따지면, "니 아버지가 부자니까!"하고 대물림까지 시켜놓는다. 더 질문을 늘어놓았다가는 내 어리석음만 밟힐 것 같아 나는 천상병에게 지는 시늉을 했다.
물론 한참 늦은 명동의 시간에 그를 맞닥뜨리게 될 때도 거푸 손을 내밀 때도 있다. 돌이켜 생각해 보는 듯 눈을 껌벅대다가 오전의 기억에 주문을 되물린 적도 있긴 하다. 그러나 주로 나의 행동반경이 혜화동이나 명륜동 일대인만큼 그 어디 누군가의 사무실이나 학교의 교무실을 돌아나오는 참이기 때문인지 늘 그는 느긋한 표정으로 내 앞에 선다.
그곳엔 틀림없이 내가 있기 마련이기도 하지만, 아마도 두어 사람쯤 더 만나야 하는 수고로움이 어쩌면 줄어들기 때문은 아닌가 여긴다.
지금 이 글을 쓰고 있는 혜화동 골목길의 내 작은 사무실도 십수 년은 되었지만, 당시의 나의 학창시절과 1956년의 월탄문학상 수상소식과 더불어 어느날 지훈과 청마선생 두 분을 모시고 술자리를 몇 바퀴 돌다가 이곳 로터리께의 파출소에서 통금위반으로 밤을 새운 적이 있다. 40여 년을 그 근처에서 떠돌며 살아온 내 터전이 된 것도 그 때문이다.

동성학교의 황금찬 선생을 만나고 나서는 길이었거나, 아니면 휘경동 신봉승 시인 댁에서 객식솔로 있다가 몰래 감춘 책꽂이 뒤의 안주와 홀짝 소주잔을 그 댁 따님 손에 들린 죄과로 떠돌이 신세가 되고만 일, 혹은 혜화동 로터리에서 성북동으로 오르는 좁은 길옆 한말숙 선생댁에서의 기거는 형편이 좀 나은 편이었다. 그렇지만 그 취벽(醉癖)은 어쩔 수가 없었든지 고주망태가 되어 들어갔다가 술병인지 물병인지 구분하지 못하여 향수를 다 들이키고 인사불성(人事不省)으로 새벽별을 올려다보고는 향내의 빈 거품만 뿜다가 다시 집도 절도 없는 고달픈 신세가 되었어도 아침이면 그는 마냥 어제의 그 얼굴로 내 앞에 불쑥 나타나곤 했다.

그런 어느 날 그가 아주 사라져버린 일이 생겼다. 늘 소문에 그 흔적만 뿌리고 나다니는 천상병은 아니지만, 김관식 씨나 이현우 시인과 어울리는 날이면 명동바닥이 떠들썩하곤 했다. 왜냐하면 아침나절에 내 주머니를 뒤진 이후라도 그는 스스럼 하나 없이 다시 크게 손을 내민다.

"아까 주었잖아."

"그건 예삿일이구. 지금은 임마, 사정이 달라."

"사정은 무슨?"

"관식이랑 현우를 만났잖아. 그러니 내가 내야지."

말하자면 그 두 사람이 명동으로 행차했으니 그 자신이 저들을 대접해야 마땅할 형편이란 뜻이다. 웃을 수만은 없는 노릇이었다. 왜 이들은 만나면 천상병이 한 턱을 써야 하는지 그 까닭을 나는 잘 모른다. 그 가운데 김관식 시인은 학교의 교사라는 엄연한 직업이 있고 두 사람은 백수건달임에 분명한데 '내가 좀 낫다'는 상층의식이 그에게 있음에 틀림없다. 이런 경우엔 천원 단위가 아니라 만원을 웃돌게 되지만 웃을 수밖에 다른 방도가 없다. 어떡하든 천상병의 그림자가 명동에서 뿐 아니라 이 나라의 그 어디서도 찾아볼 수 없게 된 터에 친구들의 걱정은 근심의 도를 지나쳤다.

그가 갈 만한 부산과 마산 등지에 소문을 띄워도 그 종적을 찾을 수 없게 되자 그냥 있어서 안 된다는 공론이 일기 시작했다.

우리들의 그 선민의식(選民議識)은 착한 쪽이 아니라 뽑힘으로 발전을 해서 '시인으로 태어나 자취가 없을 수 없다'는 생각에 이르게 된 것이다. 누가 먼저랄 것도 없이 만나는 사람마다 거의 동시에 하고 있던 걱정이었다. 신동문이 그러했고 강민이 그러했다. 김구용이 그러했고, 황금찬도 그러했다. 이형기와 정인영, 김시철과 최해운이 또한 그러했다. 그러던 어느날 박재삼과 민영도 함께 한 자리를 이루었는데 천상병의 원고들을 잡지나 신문을 뒤져서 일단 모아보자, 그리고 그걸 내게 편집을 의뢰하는 데까지 가닿았다.

두어 군데의 출판사를 거쳐 자영업이라도 해볼 양으로 관철동에 사무실을 내고 있던 나에게 제작을 의뢰한 셈이다. 그때의 이야기로는 책을 만들어 천 시인의 행방불명을 기념으로 삼고, 그 제작비는 책이 되면 모두 나누어서 얼마라도 돈을 만들 궁리를 해서 나의 궁색한 출자를 보완해 준다는 의지였다.

그러나 그 출자를 그 이후 누구, 어느 때라도 받아본 적은 없다. 몇 권씩 몇 십 권씩 나누어 들고 가기는 했으나 이후 판매가 얼마나 되었는지 아니면 다 나누어 흩었는지 또는 그 대금이 술값으로 지불되어 사라졌는지 아니면 당시 유행하던 우리의 포커판에 놀음밑천으로 탕진되었는지 영영 오리무중이 되고 말았다.

이런 사정을 아는지 모르는지 신문의 문화면을 어지럽히던 당시의 그런 소식들은 천상병을 찾아주기는 했다. 녹번동 언덕에 자리한 시립정신병동의 김종해 의사가 급한 연락을 띄워왔다.

행려병자로 인사불성이 되어있는 천상병의 생존소식에 우리는 환호성을 질렀다. 그러나 상태를 목도하고 나서는 실망하지 않을 수 없었다. 한 주일에 한 번씩 병문안을 나는 하게 되었고, 지금의 미망인 이신 목 여사도 그때 뵙게 되었다.

중년의 남자가 기저귀를 차고 오줌똥을 못 가리는 판국에, 그 뒤처리를 하고 있는 간호원을 보고 나는 또 감동한 나머지 초콜릿이랑 양말이랑 사들고 보답한답시고 드나들었다. 이를 두고 정신나간 사람들은 다시 나를 곤혹스런 사람으로 만드는 우스개까지 얻어먹게 하였다.

그러나 다행스럽게도 그런 세월을 보내고 퇴원도 하게 되었고 결혼까지 하게 된 천상병의 귀환은 우리들의 명동으로 세상에 돌쳐 세웠으니 얼마나 기적 같은 일인가.

정상으로 돌아온 천상병이 내게 던진 첫마디가 이러하다.

"너 임마, 내 시집 찍었다며, 인세는 내놓아야 할 것 아녀."

그렇다. 남의 시집을 인쇄해서 세상에 내놓았으니 원고료든 인세든 지불하는 것이 당연한 일이다. 그 책값은 한 푼도 쥐어본 바가 없으나 해적판을 냈으니 나도 더는 변명 할 말이 없을 터였다. 제자의 김구용 선생 글씨며 김영태의 초상화며 한 푼도 드리지 못한 원고료 그림값도 다 내가 꿀꺽 삼킬 판국이 되고 말았다.

그런데 그때쯤은 이미 행방불명의 엄청난 유명세를 보듬은 천상병의 시집들이 여러 곳에서 세상을 울리고 있던 바이기에, 나도 그를 향해 할 말은 있었다.

"야, 그 숱한 네 책이 나왔는데, 어째 내게는 한 권도 안 보내느냐."

"넌 부자니까 사 보아야지."

그제나 이제나 나를 부자로 기억하고 그렇게 취급하는 천상병 시인. 나의 선대(先代)가 돈 푼이나 있었다고 내가 그대로 물려받은 것도 아닌데 남에게 다 나누어주는 그 시집 한 권을 받아본 적이 없으니 따져보면 나도 큰 부자임에는 틀림없다.

세상에 태어나 단 한 번도 끼니 걱정 안 해본 일도 없고, 또 6·3의 시국사태 이후 몇 년 동안 직장을 가질 수도 없게 되었는데 나는 여러 친구로부터 늘 부자 취급을 받는 특권을 누렸다. 그건 지금도 마찬가지다.

고희를 넘긴 주제에 집 한 칸 없이 거느린 가족 하나 없이 떠돌이와 비슷한 신세인데 그래도 나는 주위로부터 넉넉한 사람으로 대접을 받고 있으니 기실 행복에 겨운 것도 분명하다.

천상병이 먼저 가 있는 천당이란 데를 나도 갈 수 있을지 몰라도, 이 세상에서 모두가 가난해 어렵사리 하는 판에, 근사한 말멋의 큰부자로 아니한 일 없게 살도록 호칭이라도 근사하게 선물한 천상병에게 나는 이제야 고맙다고 인사를 한다…….

천상병과 나는 베를렌과 랭보처럼

황명걸(시인)

문단사에는 '명동시대' 라는 한 에폭이 그어지는데, 그 때는 1950년대로 그 무대가 명동을 중심으로 을지로입구와 소공동 초입 그리고 충무로1가 일대로서 이루어졌다. 명동에는 다방 〈갈채〉와 음악다방 〈엠프레스〉(〈돌체〉의 전신)가, 소공동 초입에는 문예회관이, 을지로 입구엔 〈동방살롱〉이 있어, 거기에 각기 『현대문학』·『문학예술』 출신의 시인·소설가들이 그룹으로 모여들었기 때문이다.

이 시기에 소위 '3기인' 이 등장해 숱한 이야깃거리를 제공하는데, 그 으뜸으로 천상병이요, 다음이 김관식이요, 다다음으론 이현우가 뒤따른다. 어떤 이는 박봉우, 심재언까지 포함시켜 '5대 기인' 을 치기도 한다.

아무튼 이들 기인들은 문자 그대로 남다름이 공통적으로 분명하지만, 개성만은 제각각 다르다. 천상병이 익살꾼이라면, 김관식은 도사형이요, 이현우는 거지신사인데, 박봉우가 우국지사형에, 심재언은 샌님거지다.

우리에게 심심찮은 에피소드를 남겨 즐겁게 하며 사랑받고 있는 천상병, 그는 도대체 어떤 위인이관대 세인의 인구에 회자하는가? 그에 대한 평판은 여러 갈래지만, 한동안 그와 함께 떠돌며 숙식을 같이했던 나로서 가까이에서 피부로 느꼈던 면면을 회상해 보기로 하자.

약관에 금메달 두 개를 딴 2관왕

천상병이 남해 풍광이 명미한 마산사람이란 것은 잘 알려진 사실이다. 하지만 그가 해어진 빵떡모자를 눌러 쓰고 마산에서 부산으로 열차통학을 하던 고교시절에 부산 출신의 송영택과 만나 2인동인지 『처녀지』를 자비 출판한 일은 별로 알려지지 않았다.

그는 거기에 「나는 거부하고 반항할 것이다」라는 긴 제목의 글을 발표했는데, 그것은 드물게 제대로 된 에세이로서, 문체가 맑고 절도 있었을 뿐만 아니라 발언이 분명하고 당찼다. 한마디로 미문의, 젊은 그의 마니페스토였다. 후에 그의 명징한 평론의 첫 맛보기였던 셈이다.

내가 처음 천상병을 만난 것은 고교 2년 무렵, 까까머리 문학 지망생인 나는 큰 학형이자 문단 선배로서 그를 대했다. 탑골공원에서 인사동으로 올라가다 구 문화방송 못미처 막다른 골목 안, 창고같이 어두컴컴한 고전음악 감상실 〈르네상스〉에서였다. 서울대 문리대 불문과를 지망한답시고 종각 근처의 불어학원을 다니느라 옆구리에 불문 텍스트를 끼고 꾸부정 걷던 때였다.

당시 천상병은 서울대 상대 재학생으로서, 이미 시 「강물」과 평론 「허윤석론」 두 편으로 『문예』에 추천을 완료한, 시쳇말로 2관왕의 금메달리스트였다. 그러므로 그는 내게 있어 우러러뵈는 청산, 푸르디

푸른 산맥이었다.

  그럼에도 불구하고, 그는 어린 나를 보듬어주었다. 그가 좋아하는 세자르 프랑크의 〈교향적 변주곡〉의 세계로 나를 안내한 것도, 레코드 플레이어 이규태(지금 조선일보의 명칼럼니스트) 형을 내게 인사시켜준 것도 그였다. 한걸음 더 나아가, 청계천변 삼일빌딩을 가로질러 명동성당 고갯길을 넘어 명동의 〈엠프레스〉(당시 음악 감상실로서 〈르네상스〉와 쌍벽을 이루고 있었다)로 나를 인도한 것도, 거기서 불문과 선배 시인 이일(미술평론가로 전향해 아방가르드 옹호자로 필명을 높였으나 일찍 작고) 형을 내게 소개시켜준 것도 그였다.

  천상병은 문학으로 조숙했을 뿐만 아니라 레코드음악에도 조예가 깊어, 이를테면 쌍방향 예술가였다. 〈르네상스〉의 붙박이가 이규태요, 〈엠프레스〉의 터줏대감이 이일이라치면, 천상병은 예의 두 곳을 넘나드는 새랄까, 둘을 다 아우르는 방랑자랄까, 그랬다.

그의 손내밀기는 무욕의 굴절적 표출

  천상병은 천재요, 그 중에서 탈속한 천재라 그런 사람이 겪기 마련인 굴곡 많은 생을 살았다. 하지만 그의 다난했던 삶이 차츰 빛을 받고 그게 밑거름이 되어 사후에는 갈수록 그의 시 없이 인정될 뿐더러 미망인 목순옥 여사의 인사동 가게 〈귀천〉도 팬들로부터 사랑받아 꾸준히 이어지고 있다. 그러니 늦은 복이랄 수 있다.

  시골에 사는 나로서 서울 출타는 피곤한 것이지만, 어쩌다 오랜만에 인사동에라도 들러 인파에 흘러가다 보면, 지지리 못생겼으나 희극적 친근감이 드는 그의 얼굴이 떠오르고 멋대가리 없는 영남 억양에 그 특유한 말투의 목소리가 들리는 듯해서, 인사동 나들이는 그리움을 푸는 외출이 된다.

돌이켜보면 천상병의 『문예』를 통한 등단은 왕년의 옛일이다. 『문장』에 뒤이어 『문예』지만 『현대문학』이나 『문학예술』에 비하면 훨씬 앞선 것으로 느껴진다. 그러니 천상병은 오래된 시인임이 분명하다. 그런데도 그리 여겨지지 않는 것은 무엇 때문인가? 아마도 그의 등단이 어린 나이에 이루어져 거기에서 오는 착각 현상이리라.

전도가 창창한 기린아 천상병은 당시 문단에서 사랑받는 총아였다. 『문예』 후반기에 발행인을 맡았던 원로 여류시인 모윤숙이 그를 조카같이 여겨 대견해했던 것도, 예리한 필봉으로 문단의 실력자 노릇을 하던 조연현이 제자 같은 그를 어엿한 신진 평론가로 대접하여 아꼈던 것도 그 때문이다.

천상병의 손내밀기는 그때부터 시작되었다. 선배 문인들의 친절과 후의를 빌미로 머리 회전이 빠르고 애교스럽고 넉살까지 좋은 그는 원로 여류나 선배 문인들에게 손을 벌렸고, 저들은 밉지 않게 내미는 한참 후배의 손을 차마 뿌리칠 수가 없었던 것이다.

본거지 부산을 떠나 사고무친한 타관 서울에서 객지생활을 하려니 학생 신분인 그로서 힘겨웠을 터, 처음에는 가벼운 생각으로 손을 내밀었음직하다. 끼니를 위한 절실한 SOS가 아니라 단순히 개구쟁이의 심심파적 놀음이었으니 말이다. 그런데 한 번, 두 번 그러다 보니 재미가 붙고, 재미가 반복을 불러 잦다보니 버릇이 되고, 마침내 버릇이 몸에 배어버리고 말게 된 것이다.

혹자는 말하기를, 천상병에게서 손내밀기를 뺀다면 그답지 않다고
농하는 경우를 흔히 보는데, 거기에는 함축적인 의미가 담겨 있는 듯
하다. 그의 손내밀기에는 꼭 집어내 말할 수 없는 무엇인가가 있기 때
문이다. 그것이 무엇일까?

일견 무례해 보이는 그의 손내밀기 작태에는 거지근성이 있어서 그
런 것은 아니다. 주체할 수 없이 무도한 불한당이어서는 더욱 아니다.
내가 보건대, 그의 정신 밑바닥에 깔려 있는 무욕의 철학 사상(?)이 천
진한 구걸로 굴절되어 표출되는 것이라고 하겠다.

나는 천상병을 가리켜 '후배에게는 로빈훗과 같은 의적'이라고 먼
저 글에서 적은 바가 있다. 실제로 그는 품팔아 애써 얻은 돈으로 나
를 비롯한 후배들에게 곧잘 술을 사주었다. 극단〈신협〉의 배우 이진
순(박정희 역으로 적역이었다), 아마추어 바둑의 정상 손영철, 스포츠
소설가이자 바둑해설가 강홍규 등이 시혜를 입은 장본인들인데 이들
은 한결같이 고생고생하다가 선배를 따라 요절한 후배들이었다.

천상병과 내가 한동안 함께 떠돌아다닐 때에 누상동의 운치 있는 2
층 한옥 여관(중국의 객가를 연상시켰다)에 묵으며 귀족 같은 생활로 호
사를 누렸던 것은 다 그의 덕분이었다. 중진 소설가 한무숙의 집에서
들고 나온 그녀 남편의 외제명품 만년필 몽블랑을 팔아 챙긴 거금으
로 비용을 충당했던 것이다.

천상병에게는 분명 미워할 수 없는 애교랄지 부침성이랄지 특별한
데가 있었으니, 내 어머니는 집으로 끌어들이는 문학청년들을 달가워
하지 않으면서도 유독 그만은 예외로 눈총은커녕 '그 학생'으로 환대
를 했었다.

아시지의 성 프란체스코를 흠모하며

　명동 〈엠프레스〉에서 천상병은 상대 동창 강빈구와 각별히 친하게 지냈는데, 강이 부잣집 아들이라 용돈이 넉넉해서 천상병은 늘 술을 얻어먹고 술값도 받아쓰는 형편이었다. 하기야 경제학도로서 아마추어지만 '시향'(당시 시립교향악단의 준말)에서 바이올린 연주를 하기도 한 강으로서는 같은 상대 동창으로 시인·평론가로 어엿이 행세할 뿐만 아니라 레코드음악에도 상당한 경지에 가있는 천상병이 미쁘지 않을 수가 없었을 터다.

　나도 가끔 그들 사이에 끼어 다동 초입의 빈대떡집에서 적당히 곰삭은 어리굴젓을 곁들여 녹두지짐을 술안주 삼았던 추억의 맛은 지금도 잊을 수가 없다.

　후에 천상병이 강빈구로 인해 동백림 사건에 연루되어 고초를 치른 것은, 실로 가당치 않은 노릇이다. 동학이자 동호인 강과 천이 퉁창이 맞아 함께 다니며 술 마시고 술값으로 용돈 좀 나누어 썼다고 해서 어디 그것이 공작금이 될 수 있단 말인가!

　천상병이 각별히 나를 사랑해준 것도 어쩌면 대학 동문이요, 문학 후배라서 인지상정에서 우러나오는 마음씀에 불과하다. 상당히 나이 차가 나지만 천상병과 나는 한동안, 어찌보면 베를렌과 랭보처럼 늘 함께 지냈다. 그가 돈을 뜯으러 문예회관이나 〈동방살롱〉에 원정 나가는 때만 제외하면―. 우리는 순수한 우정이었고, 벨기에니 어디니 유럽을 떠돌 만큼 본격적인 방랑이 아니라 고작 서울을 벗어나지 않는 도심원이었다.

천상병은 나를 이끌고 덕수궁 옆 성공회당을 즐겨 찾았다. 도심 속에서 드물게 한적하고, 수목이 녹음을 이루고, 나뭇가지 사이로 새들이 날아서 회광이 좋았던 모양이다.

녹음을 뚫고 반짝이는 햇빛이 떨어지는 회당 뜰의 벤치에 앉아 그는 시를 적곤 했는데, 나에게 보여주는 책 같은 시작노트 안에는 완성된 시편들이 갈피마다 빼곡히 단정한 필치로 정리되어 있었다. 그 시편들에는 맑은 대기와 눈부신 햇살, 지나가는 바람과 실려오는 과실 향기, 남쪽 바다의 일렁이는 파도와 진주해오는 해조음이 교직되고 교향했다.

그리고 먼 지난 날 아시지의 성 프란체스코를 천상병은 떠올리며, 오늘에 그같이 살고자 했다.

그의 일련의 「새」시리즈를 보면 성 프란체스코를 대표로 하는 가톨릭시즘이 발견된다.

그런데 그 후 그 보석함 같던 시작노트는 그의 행방불명 기간에 분실되고 말았으니 참으로 아깝기 그지없는 노릇이다. 그러나 민영이 그간 여기저기에 발표되었으나 일산되었던 시편들을 찾아 모아 『새』라는 타이틀로 대형 양장본의 호화판 시집으로 상재하여, 그의 '행불'의 아쉬움에 대한 보상으로 우리를 위로했다.

그런데 영원히 묻혀버릴지도 모를 천상병을 문학애호가인 서부 시립위생병원 원장이 우연히 병원의 행려병자 틈에서 발견, 극진한 보살핌으로 살려내어 우리 곁으로 되돌아오게 함으로써, 사람들은 안도의 긴 한숨을 내쉬게 되었던 것이다.

쌍과부집 어린 아들녀석을 울리다

　천상병은 『문예』 추천완료 소감에서 어쩌다 보게 된 원로 정치인 박순천 여사의 딸을 평강공주로, 자신을 바보 온달로 빗대어 공개적으로 구혼 작전을 펼쳐 물의를 일으킨 사건이 있었다. 문단에서는 "과연 천상병답다"며 웃음을 짓기도 했지만, "어디 감히 불손하게 노 여당수의 규수를 두고 그따위 망발을 할 수 있는가"하고 우려하며 사건의 추이에 관심을 곤두세웠다. 하지만 대정당의 당수답게 흥도가 너그러운 박 여사의 아량으로 천은 크게 핀잔을 받지 않고, 앞으로 자숙하는 조건으로 사건이 무마되었다.
　이렇듯 천상병은 어디로 튈지 모를 왕괴짜였던 것이다. 그러더니 제 버릇 개 못준다고, 이번에는 이 나라에서 드물게 미녀인 『현대문학』의 편집장 김수명(「시여, 침을 뱉어라」의 시인 김수영의 여동생)을 두고 한바탕 소극을 벌였다.
　"김수명은 내 애인이다!"
　천상병이 난데없이 이렇게 떠벌이고 다녀, 발 없는 말이 천리 간다고 소문이 삽시간에 온 문단에 퍼졌다. 그러자 왁자지껄 "그럴 수가 있을까?" "글쎄……" 하고 사람들은 의아해했다.
　피해 당사자인 김양(노처녀였다)은 어떻게 반응 대처했을까? 불구의 미녀, 잉그리드 버그만 뺨치게 예쁘고, 글래머 저리 가라고 하리만치 체격이 미더운 미인 김수명은, 그의 미색만큼 지혜롭고 그의 체구만큼 오지랖이 넉넉해, 그녀 특유의 까르르 구르는 웃음을 쏟아놓으며 "그래, 그래, 맞다!"고 받는 것이었다. 그러니 머쓱 쑥스러워진 천상병

왈 "그러면 안 되는데…… 너 잘났다!" 고 몹시 어색해하며 꼬리를 감추고 그 뒤로는 싹 입을 다물었다는 것은 알 만한 사람은 다 아는 일이다.

그 후 훨씬 뒤의 일인데, 천상병이 의정부 쪽 수락산 밑에서 살 때 빚은 촌극이다. 그의 집에서 얼마 떨어지지 않은 이웃에, 명동에 나오며 누드모델도 하는 체격이 늘씬하고 좀 헤프다 싶을 정도 마음씨 좋은 김양이 살고 있었는데, 천과는 가끔 내왕이 있었던 모양이다. 그런데 천이 아내 목순옥이 못마땅해 꼬투리 잡을 무슨 꺼리가 없을까 궁리하던 중에 김양을 미끼로 쓰기로 작성하기에 이르렀던 것이다.

"이 문둥이 가시나, 넌 여자도 아니라이 알제? 저기 김양이 얼마나 글래먼데, 내게 다 보여줬다이!"

한번 싸워볼 양으로 천이 먼저 긁었다.

"어라! 그래도 지가 무엇 달린 사내라고…… 나 원 참, 쯧쯧!"

한참 참을성 있게 듣다 한계수위가 넘은 목 여사가 내뱉은 빈정거림이다. 초로의 양주가 벌이는 개그쇼 같은 촌극이었다.

거슬러 '청동시대'로 되돌아가 볼 하이 코미디가 있으니, 쌍과부집에서 일어난 희극이다.

쌍과부집은 〈청동다방〉 맞은편 골목 안에 있는 술집인데, 옥호가 시사하듯 그곳엔 자매 과부 둘이 있어 하나같이 미색인 데다 값도 저렴해서 가난한 문인들이 찾기에 딱 알맞으니, 천상병이 즐겨 얼굴 내밀기에 십상이었다. 하루는 그가 자청해 나를 비롯한 후배 두엇을 데리고 그 집 다락방을 차고 앉았다.

다락은 밤에는 주인 가족들이 기거하는 방이라 낮에는 학교에서 돌아온 동생 과부의 아들녀석이 숙제를 하고 있기 마련인데, 늘 귀여워 동무해주기도 하는 천상병이 그날따라 무슨 꿍꿍이속이 있었는지 녀석을 잡아 앉히는 것이었다. 그러더니 난데없이 뚱딴지 같은 소리를 했다.

"내가 니 아부지다."

"아니야! 아저씬 우리 아빠가 아니야!"

"정말이다. 엄마한테 물어봐라. 오늘에서야 얘긴데, 정말 내가 니 아부지란다."

"그럴 리 없어! 우리 엄마같이 예쁜이에게 아저씨처럼 못생긴 사람이 아빠일 순 없어 힉힉 잉잉······."

결국 아이는 분한 듯 울음을 터뜨리고 말았다. 그 뒤 벌어진 일은 불을 보듯 뻔한 노릇. 우르르탕탕 어미인 동생과부가 계단을 뛰어 올라와서 천상병을 호되게 꼬집고, 모자라서 아예 축출해버렸다. 아야야, 지레 엄살 떨며 도망치는 천상병의 뒤통수에 대고 "이 문둥이! 다시 내 집에 발길하게 하나 봐라 어이구······." 엄중한 금족령과 함께 불호령이 떨어졌다.

천상병이 귀천하여 유명짜해지자 사람들은 너나없이 생전에 그를 알기나 한듯 '천상병, 천상병' 하며 그에 관해 입술에 한마디씩 올리기 일쑤인데, 이는 젊은층의 소갈머리 없는 치졸한 병증쯤으로 치부해버릴 수도 있지만, 되도록 삼갈 일이다. 하지만 뒤집어 생각해보면, 너무나 좋아하는 나머지 절로 나오는 가벼운 치기로 돌릴 수도 있다.

평소 그를 따르는 젊은 후배들을 위세와 가식 없이 그가 대했던 점을 감안하면, 다독거려 줘야 할지 모르겠다.

  이제 〈돌체〉를 아지트로 한 '명동시대'는 벌써 막이 내렸고 〈한국기원〉을 거점으로 한 '관철동 시대' 또한 가고 〈귀천〉을 중심으로 한 '인사동 시대'가 열려 있는데, 시대의 변천은 과연 어디로 흘러갈 것인가, 추이가 주목된다. 천상병의 술 취향이 명동시대의 막소주에서, 관철동 시대에는 막걸리로, 인사동 시대에는 맥주로 바뀌었는데, 하늘에서는 무슨 술을 들고 있을까, 자못 궁금해진다.

  천상병과 함께 했던 〈몽빠르나스〉여, 〈무진장〉이여, 평양집이여, 송림옥이여, 굴집이여, 비지집, 감자탕집이여 그립구나!

문인촌에서 법정까지

한승헌(변호사)

서울에서 제일 외로운 공원으로 서울에서 제일 외로운 사나이가 왔다. 외로울 게 뭐 나쁠 것도 없다고 되뇌이면서…… (중략) 쓸쓸함이여, 아니라면 외로움이여, 너에게도 가끔은 이와 같은 빛 비치는 마음의 계절은 있다고, 그렇게 노래할 때도 있다고, 말 전해다오.

천상병의 시 「삼청공원에서」의 첫 연이다. 젊은 시절 한 문학지에서 이 시를 읽고 "과연 천상병이구나"하고 무릎을 친 적이 있는데, 1998년 봄, 바로 그 삼청공원 옆에 있는 감사원에서 내가 일하게 되었던 것이다. 그리고 가끔 그 삼청공원을 산책하면서 천 시인을 생각하곤 했다.

나는 문인이랄 수는 없지만(다만 무인이 아니라는 의미에서는 문인이다.) 젊은 시절부터 문단 안팎에 친분있는 지기(知己)가 많았고, 천 시인도 그런 '글쟁이' 중의 한 사람이었다.

그의 이름 때문에 생전에도 '천상(天上)의 시인'으로 불리웠던 천상병 시인, 순박하면서도 짓궂은 기인행각으로 많은 일화를 남긴 그는 「귀천」이란 명시를 이 세상에 남기고 하늘나라로 떠나서 더욱 유명해졌다.

검스레한 얼굴에 자주 껌벅이는 눈, 더듬거리는 말, 줄담배와 폭음, 애교 섞인 용돈 수금(?) 등으로도 고은, 김관식과 함께 가위 한국 문단 3대 기인으로 불리울 만했다.

1967년 7월 중앙정보부가 발표한 소위 '동백림 거점 북괴대남적화 공작단사건'의 피의자 명단에 바로 그 '천상병'이란 이름 석 자가 끼어 있어서 세인을 놀라게 했다. 천 시인에게 무슨 용공사건에 연루될 만한 사정이 있을 리가 없었기 때문이다.

'동백림사건'이란 유럽에 살고 있는 남한의 문화 예술인, 학자, 유학생, 지식인들이 (당시 분단 독일의) 동백림에 가서 북한 공작원들과 접촉, 반국가적 행위를 하였다는 것으로, 구속 기소된 피고인만 34명이나 되는 큰 규모의 사건이었다. 그중에서 윤이상, 서베를린대학 박사과정 임석훈, 화가 이응노, 농업문제 전문가 주석균 등의 이름이 한층 주목을 받았다.

나는 그중 이응노 화백의 변호를 맡아서 서울 구치소 접견을 다니고 있었는데, 천 시인만 변호인이 없었는데다 밖에서 누구 접견 올 사람도 없는 듯해서 내가 변호를 자청했다. 문단 행사나 문인들의 이런저런 모임에서 그와 나는 서로 잘 아는 처지가 되었으므로 조금도 생소할 것이 없었다.

나는 그가 서울 상대(商大)를 다녔다는 사실을 그때 처음 알았다. 아마 나뿐만 아니라 대부분의 사람들이 그에게 어울리지 않는(?) 그런 학벌을 짐작치 못했을 것이다. 바로 그 상대 친구의 한 사람인 강빈구

(당시 서울대 조교수) 씨 역시 동백림 사건으로 구속되어 있었는데, 그와의 관계가 혐의사실의 단서를 이루고 있었다.

공소장 대로라면, 사건이 터지기 4년 전인 1963년 10월 초순 어느 날 저녁, 그는 명동 유네스코회관 뒷골목에 있는 대포집에서 강빈구 씨와 술을 마시고 있었다. 그때 강씨가 자신은 동독과 동백림 등 적성국을 왕래하였으며 난수표와 출판사 이야기를 하면서, 여의치 않으면 한국에서 고생하지 말고 동독에 갈 생각이 없느냐는 권유를 하더라는 것이다.

그것이 무슨 범죄라고 공소장에 들어가 있는가, 하고 생각할 사람이 많을 것이다. 그러나 공소장에 의하면, 그것은 "동인(강빈구)이 반국가 단체인 북괴의 구성원으로 그 목적 수행을 위하여 암약 중인 간첩이라는 점을 인지하였음에도 불구하고 이를 수사정보기관에 고지치 아니하고……"라고 해서, 말하자면 반공법상의 불고지죄를 범했다는 것이다. 참 무서운 법이었다.

그뿐인가, 반공법 말고 형법상의 공갈죄가 얹혀 있어서 더욱이나 뜻밖이었다. 그것도 친구인 강빈구 씨를 상대로 협박을 하고 갈취를 했다니 파렴치범처럼 되어버렸다.

공소 사실은 이러했다. 천 시인은 1965년 10월 중순 어느 날 낮, 강씨 집에 가서 중앙정보부에서 자기더러 동독 갔다온 사람을 대라고 해서 난처하다는 취지로 강씨를 협박했다는 것. 그리하여 "동인으로 하여금 공포감을 갖게 하여 동인에게 금 2만원만 주면 무마시켜주겠다고 금품을 요구, 동인으로부터 금 6,500원을 교부받아 이를 갈취하고……"라고 적혀 있었다.

공소 사실 제3항은 이러했다. "그 시경부터 1967. 6. 25.까지 사이에 같은 방법으로 동인을 협박, 동인으로부터 1주일에 1, 2회씩 서울 명동 소재 금문다방, 송원기원 등지에서 주대 100원 내지 500원씩 도합 금 30,000원 가량을 교부받아 이를 갈취하고……"

절친한 대학친구를 간첩으로 신고하겠다고 협박하여 2년 동안 매주 1, 2회씩 처음엔 6,500원을, 그 다음부터는 100원 내지 500원씩 '갈취' 했다는 것이다. 2년도 채 안되는 동안 매주 한두 번씩 상습적으로 뜯어낸 돈의 합계가 36,500원이라? 간첩 신고 협박에 100원씩, 많아야 500원을 갈취했다? 이것은 코미디였다.

나는 천 시인이 강 교수로부터 그만한 액수의 돈을 받았으리라는 점을 직감으로 알 수 있었다. 천 시인은 누구에게나 악의 없이 손을 내밀고 "천 원만"을 버릇처럼 되뇌곤 했으니까.

학벌이 좋고 문재(文才)가 뛰어났음에도 그는 가진 것 없이 헐벗고 다니며 아는 사람을 만나면 으레 손을 내밀곤 했던 것이다. 시인 이근배 씨의 회고담에 의하면 "한참 후배인 나도 그의 수금처가 되어 거의 정기적인 내방을 받고 있었다. 어느 날 찾아왔다가 내가 자리에 없으니까 책상 위에 놓인 김소운 수필집 『하늘 끝에 살아도』를 들고 갔더란다. 헌 책방에 넘길 양으로 들고 갔던 것을 첫장을 읽다가 그만 오전 2시까지 독파했노라고 털어놓기도 했다"는 것.

바로 이런 그의 언행 기벽을 아는 사람은 그가 강빈구 씨한테서 100원, 500원을 거푸 얻어 쓴 것을 금방 이해하고 "또 수금을 했구나"하고 웃어넘겼을 것이다. 그러나 60년대 후반 대한민국의 법정은 그런 것조차도 모두 공갈죄로 처벌했다. 징역 1년에 3년의 집행유예—그런 식의 재판에 더 기대할 가치가 없다고 보고 천 시인은 항소도 하지 않았다.

동백림 사건으로 징역을 살고나온 천상병 시인이 어느 날 퇴근시간 무렵 내 사무실로 찾아왔다. 내가 변호를 해준 데 대해서 감사하다는 인사말을 하고나서 자기가 저녁을 사겠다고 하지 않는가. 그때 '빈자일등(貧者一燈)'이란 말도 했다. 그와 나는 저녁을 함께 하면서 재판이나 구치소 생활 이야기를 많이 했다. 그때도 그의 순진무구함이라던가 꾸밈없는 자기노출 같은 것이 예사롭지가 않았다. 물론 그가 제의한 '빈자일등'은 우선 '집행유예'로 해놓고 부자 되면 한 턱 쓰라고 자존심을 살려주었다.

그 후 천 시인의 '빈자일등' 제안을 문단의 지기들에게 이야기했더니, "천상병이가 누구에게 밥을 사겠다고 나선 것은 전무후무한 역사적인 사건"이라면서 좌중이 가가대소(呵呵大笑)했다. 앞서 말한 대로 천 시인은 아는 사람 만나면 "천원만"하면서 손을 내미는 습성이 있어서 문단에서는 하나의 애교처럼 받아들여지고 있던 터였다.

천 시인은 동백림 사건으로 구속되어 그 약한 몸으로 모진 가혹행위를 당했다. 그의 말에 의하면, 중앙정보부에서는 그에게 베를린 유학생인 친구와의 관계를 자백하라고 강요하면서 세 번이나 전기고문을 가했다. 그는 몇 차례나 까무라치기도 하였다. 그는 이렇게 말했다. "지금 나는 비틀거리며 걸어다니는데, 남들은 그것이 나의 술 때문이라고 하지만, 결코 술 탓만은 아니라는 사실을 나는 알고 있다. 나는 몇 번의 찢어지는 고통도 이겨냈다. 그 때를 생각하면 몸서리 쳐진다. 고문을 한 놈을 찾아 죽이고 싶은 심정일 때도 있었다. 그러나 나를 이겼으니, 이것으로 만족한다."

그는 중앙정보부에 구속된 후 6개월 동안 감방생활을 했다. 풀려난 후에도 고문의 후유증과 영양실조로 고생을 했다. 심지어는 거리에서 쓰러지기도 하여 남부시립병원에 실려가 입원한 적도 있다. 1971년에는 다시 쓰러져 이번에는 서울시립정신병원에 '수용'되기도 했다. 그처럼 그가 행려병자로 강제입원 중일 때, 그런 사실을 모르는 밖의 문우들이 『새』라는 제호가 붙은 '유고시집'을 낸 비화도 있다.

그는 아내의 말을 존중하는 양순한 남편이 되었다. 간경화증의 치료를 받고난 후 아내가 하루 주량을 맥주 두 잔으로 '언도'를 내리자 그는 이것을 한번도 위반한 적이 없었노라고 고백했을 정도였다.

지금의 세종문화회관 자리에 서울시민회관이 있었고, 그 뒤에 있는 한 건물에 한국문인협회와 한국문학사가 들어있어서, 그 1층에 있던 〈석굴암다방〉에는 문인들이 많이 드나들던 시절이 있었다. 어느 때던가, 그 다방에 모인 '글쟁이'들 중에서 누군가가 천 시인에게 담배 한 대를 권했다. 반갑게 받아 피울 줄 알았는데, 뜻밖에도 대답은 안 피우겠다는 것이었다. 자리를 파하고 일어서면서 한 잔 하러 가자고 해도 역시 사양을 하는 것이 아닌가. 내가 보기에도 의외의 해프닝이었다. 문우들이 "살다보니 별일도 다 보겠다"라며 그 까닭을 물으니 그의 대답인즉 이러했다.

"마누라가 술·담배 하지 말라고 해서······."

천 시인의 입에서 떨어진 이 진답(珍沓)은 좌중을 놀라게 하기에 충분했다. 누구의 입에선가 이런 말이 용수철처럼 튀어나왔다.

"천상병이 참 타락했구나"(한동안 하루에 막걸리 두 되로 세끼 식사를 대신했다는 천 시인 아닌가?)

그렇다고 부인의 '엄명'이 '금주령'은 아니었던 것 같다. 그의 자전적인 글에 보면, 부인한테서 하루 2천원씩 용돈을 타가지고 맥주 한 병과 아이스크림 하나와 담배를 샀다고 쓰여져 있다. (그러고도 남은 돈을 저축하여 1백만원이 모아졌다고 자랑도 했다.)

천 시인은 보통 사람은 아니었다. 상식적으로나 범상한 사람으로서는 하기 어려운 일을 그는 기행(奇行)처럼 즐기며 했던 것이다. 그는 〈르네상스〉나 〈돌체〉 같은 음악감상실을 본거지로 드나들었는가 하면, 브람스 교향곡 4번을 들으면서 눈물을 흘렸다는 고백이며, 중학교 6학년 때 어느 대학을 갈까 고심하다가 여러 학과 이름을 적은 종이 쪽지를 던져서 제일 먼 데로 날아간 쪽지에 적힌 과목을 택하기로 하여 서울 상대를 가게 되었다던가, 상대 4학년 때, 한국은행에 무시험으로 들어갈 수 있는 성적(석차 5등 이내)이었는데도 이미 『문예』지에 시 추천을 마친 터여서 시인이 되겠다며 졸업 한 학기를 남겨놓고 중퇴를 했다는 이야기 등 그는 비범(非凡)의 선구자였던 셈이다.

글씨도 아주 달필이었다. 천 시인의 이미지와는 사뭇 달랐다. 동백림사건으로 구속되었다가 석방된 후 언젠가 그에게서 편지 한 통이 날아왔다.

(전략) 외투뭉치가 그곳 사무실에 있는 줄 알면서도 날씨가 따뜻해서 안 찾다가 그만 부산에 또 내려왔습니다. 좁은 사무실에 귀찮으시겠지만 보관해 주시면 감사하겠습니다.

여기 와서 형사가 저를 찾는다기에 동부서로 갔더니 제가 행방불명이라고 전국에 수배되었다고 하면서 잔소리를 하더군요. 참 별일도 다 많습니다. 아무 일도 없었습니다.

　이런저런 일로 한 변호사님의 신경을 거슬리는 일만 하는 것 같은데 너그럽게 용서해 주시기 바랍니다.

그의 예의염치(禮義廉恥) 또한 그에 대한 일반의 선입견과는 다른 면이 있었다.

아주 고생스러울 때 아내 목순옥 여사의 극진한 사랑과 보살핌 속에 술을 주식처럼 즐기며 살아가던 그는 1993년 4월 28일 홀연히 하늘나라로 돌아갔다. 그리고 영원한 그의 아내인 목 여사는 지금도 인사동 골목에 〈귀천〉이란 찻집을 차려 놓고, 남편의 체취가 묻어있는 작품과 유품들과 더불어 의연하게 살아가고 있다.

떠돌이 기인, 천상병

강홍규(소설가)

1
오늘의 바람은 가고
내일의 바람이 불기 시작한다.

잘 가거라
오늘은 너무 시시하다.

뒷시궁창 쥐새끼 소리같이
내일의 바람이 불기 시작한다.

2
하늘을 안고,
바다를 품고,
한모금 담배를 빤다.

하늘을 안고,
바다를 품고,
한모금 물을 마신다.

누군가 앉았다 간 자리
우물가, 꽁초 토막……

기인(奇人), 괴인(怪人), 걸인(乞人) 또는 걸인(傑人), 이인(異人), 변인(變人), 광인(狂人)…… 천상병의 시 「크레이지 배가본드」의 전문이다. 1967년 6월 그는 저 유명한 〈동백림 간첩단 사건〉에 시인 대표격으로 계류되어 그해 12월 집행유예로 풀려났는데, 이 시는 풀려난 직후에 쓴 것 같다.

이 시를 쓴 당시까지만 해도 천상병은 멀쩡했다. '오늘의 바람'과 '내일의 바람'을 구별할 만큼 예민한 감성을 가졌었고 '우물가의 꽁초 한 토막'을 보고 '누군가 앉았다 간 자리'임을 느낄 정도로 시적 눈치도 예사로웠다. 적어도 그를 가리켜 광인(狂人)이라니 턱도 없는 소리였다.

석방된 후 한동안 그는 수사기관에서 당한 고통을 묻는 친구들에게 입을 굳게 다물었다. 한 달쯤 지나면서 그는 조금씩 입을 열었다.

"정말 무시무시했어. 고통스러웠어. 난수표를 어떻게 했느냐는 수사관의 다그침에 난 이렇게 말했어. 난수표가 어떻게 생겼는지 가르쳐주면 다 얘기하겠다고."

순간순간의 견딜 수 없는 고통을 면하려고 차라리 정말 간첩의 죄를 뒤집어쓰려고까지 했다는 것이다.

　천상병은 지독한 겁쟁이였다. 수사기관에 체포되던 날 그를 실은 검은 지프차가 수사기관 건물 근처의 문방구점 앞에서 멈췄다. 한 사람이 문방구에 들어가 노끈 한 타래와 송곳을 사들고 차를 탔다. 그걸 보고 천상병은 지레 겁을 먹었다.

　'이 사람들이 나를 노끈으로 꽁꽁 묶어 놓고 송곳으로 콕콕 찌르려는가 보다!'

　그러나 간첩 혐의가 걸린 사람을 노끈으로 묶어 송곳 따위로 찌를 수사기관이 세상 어디에 있겠는가!

　천상병은 천상 겁쟁이였다. 그러나 용기 있는 겁쟁이였다. 1965년 8월, 국회가 야당의 불참리에 전투 사단 파월안을 통과시켰다. 당시 동아일보 문화부 기자였던 시인 최계락이 천상병의 월남 참전에 관한 소감을 문화란에 게재하겠다고 원고 청탁을 했다. 그날밤 천상병은 구로동 하숙집에서 막걸리를 옆에 놓고 원고를 썼다.

　"……월남 참전국 지식인의 한 사람으로서 진심으로 월남 국민에게 사과드린다."

　그런 요지의 기사였다. 월남 참전이 국익과 직결된다고 믿던 당시의 정치적 상황으로서는 엄청난 용기가 필요했던 글이었으며 아마도 이런 논지의 글은 천상병이 처음이자 마지막이 아니었던가 싶다.

　과연 이튿날 오후, 동아일보는 천상병의 글을 게재했다. 그런데 신문을 받아본 천상병의 얼굴이 붉으락푸르락하더니 잎에 게거품을 물었다.

　"이런 베라먹을 문디자식 봐라!"

최계락이 천상병의 원고에서 여섯 갠가 여덟 개의 단어를 바꿔 버렸다는 것이다. 그 바람에 논지가 휘어져 버렸다는 것이었다. 명동의 송원기원 카운터에서 천상병은 최계락을 전화로 불러 그가 아는 모든 경상도식 욕을 무지막지하게 퍼부어댔다. 천상병은 그런 겁쟁이였다.

1967년 초여름에 들어서면서부터 시인 천상병의 건강은 눈에 띄게 악화되어 있었다. 그의 유명한 게걸음, 즉 옆으로 서서 진행하고 싶은 방향으로 한 발을 벌린 다음 나머지 발을 옮겨 놓으며 천천히 걷는 걸음걸이의 증세가 그때부터 보이기 시작했다.

그럼에도 불구하고 그의 음주벽은 줄어들지 않았다. 당시 그는 구로동 종점의 무허가 여인숙에서 하숙을 하고 있었다.

통금이 해제되는 새벽 4시면 천상병은 정확히 하숙집 대문을 나섰다. 구로동 버스 종점 부근에 새벽일을 나가는 노동자 상대의 대포집이 있었는데 그 시간에 왕대포를 마실 수 있는 집은 그 집밖에 없었다.

그 대포집에서 천상병은 왕대포 두 잔과 순두부 한 그릇을 사먹었다. 보통 그는 한 자리에서 한 잔 이상 마시는 일이 드물었지만, 새벽 해장은 통금시간 동안 못 마신 술을 보충해야 하기 때문에 두 잔이었다. 그런 다음 여인숙에 돌아와 잠을 자고 10시쯤 일어나 다시 버스 종점에서 한 잔 마시고 나서 시내행 버스를 탄다. 그후 통금 직전에 여인숙으로 돌아올 때까지 두 시간마다 막걸리 한 사발씩.

새벽 해장에 따르는 순두부 한 사발이 그가 하루종일 섭취하는 음식물의 전부였다.

"이놈들아 순두부를 먹어라. 콩에 들어있는 단백질이 사람에게 흡수도 잘 되고 질도 좋은 기라. 술먹는 놈들은 모두 순두부를 먹어야 돼!"

순전히 막걸리의 칼로리만 가지고 천상병은 그렇게 외치고 떠들고 웃고 다녔다. 그러나 그건 식자우환의 대표적 케이스였다.

아무리 콩이 그 속에 양질의 단백질을 감추고 있고 모든 영양소가 골고루 들어 있는 완전 식품이라 해도 순두부 한 사발로는 사람이 하루에 필요한 양분의 절대량에 태부족인 것을 어쩌랴.

그렇게 해서 천상병의 체력은 하루하루 축소재생산 되어 갔다.

6월 25일 하오, 천상병은 김응규와 쌍과부집에 앉아 있었다. 천상병은 막걸리 한 사발을 앞에 놓은 채 앉아서 진땀을 흘리고 있었다.

"왜 그러십니까? 쭉 한 잔 들이켜면 힘이 날 텐데."

김응규가 권해도 천상병은 천천히 고개를 가로저었다.

기진맥진이었다. 불사신처럼 마셔대던 천상병이 드디어 한계에 다다른 것이었다.

"천선생, 이제 우리 술 그만 마십시다. 사람이 살고 나서 술이죠. 저도 당분간 술 딱 끊겠습니다."

김응규가 그렇게 말했지만 자신은 술 끊을 생각이 없었다. 다만 연장자에게 술 끊으라는 충고가 쑥스러웠고 그렇게 했다가는 공연히 오기를 불러일으킬 위험이 있었기에 그렇게 말한 것뿐이었다.

그날 천상병은 처음으로 술을 마시지 않았다. 마시고 싶지 않아서가 아니라 마실 힘이 없었던 것이다. 어둡기 전에 구로동행 버스를 타고 돌아갔다. 이튿날 정오에 다시 명동에 나타난 그는 조금도 결과가 나아 보이지 않았다.

김응규가 막걸리 한 잔 하겠느냐니까 고개를 저었다. 점심식사는 어떠냐니까 고개를 끄덕였다. 반가운 일이었다. 천상병이 밥을 먹겠다는 의사 표시를 한 것은 중대한 변화였다.

쌍과부집 골목 끝나는 곳쯤에 가릿국집이 있었다. 가릿국은 함경도식 장국밥인데 그렇게 먹는 것이 정식인지는 알 수 없지만 사람들이 보통 국을 먼저 마시고 남은 밥과 고기에 달걀 한 개를 풀어 비벼 먹는다.

그런데 김응규가 가릿국 한 그릇을 다 비울 때까지 천상병은 그냥 앉아 밥 사발을 쳐다보고 있었다. 국물이라도 좀 마셔 보라니까 억지로 사발을 들더니 입술에 국물을 좀 묻히고는 도로 내려놓았다. 도저히 못 먹겠다는 것이었다.

두 사람은 가릿국집을 나왔다. 송원기원 입구에서 천상병은 기둥을 잡고 멈췄다. 턱짓으로 김응규에게 먼저 올라가라는 신호를 보냈다. 그것이 그해 여름 명동에서 천상병의 마지막 모습이었다. 나중에 안 일이지만 마침 송옥양장점 앞에 검은 지프가 기다리고 있다가 그를 싣고 가버린 것이었다.

그날 저녁 내내 그는 송원기원에 나타나지 않았다. 이튿날도, 그 다음날도. 친구들은 그가 형이 있는 부산에 갔을 것으로 추측했다. 그는 일년에 한번쯤 주위사람에게 알리지 않은 채 부산에 가서 한두 달 있다가 오곤 했다.

천상병이 없어진 지 닷새쯤 되는 날 평론가 민병산이 김응규를 조용히 불렀다.

"천상병 씨 소식을 알았네. 중앙정보부에 잡혀가 있대."

"네? 무슨 일입니까?"

"낸들 알 수 있나. 아무튼 그러니까 일단 안심해도 된단 말야."

행려병자로 쓰러진 것은 아니라는 말이었다. 당시 문인으로는 소설가 최태응과 이규헌이 중앙정보부 판단관으로 재직중이었는데 그들로부터 전해진 믿을 만한 소식이라는 것이었다.

그 이튿날은 다시 더 반가운 소식이 있었다. 중앙정보부 직원들간에 천상병의 별명이 천희갑이라는 것이었다. 천상병의 얼굴이 둥글넓적한 데다 한가운데가 밋밋해서 당시의 넌센스 코미디언 김희갑을 닮았기 때문일 것이다. 죄목은 간첩죄라지만 별명이 희극적으로 붙을 정도라면 그다지 대단찮은 죄일 것이라는 상상이 친구들을 한결 안심시킬 수 있었다.

천상병은 죽기 직전에 목숨을 건진 것이 세 번쯤 된다. 한 번이 아니고 세 번이다. 친구들이 그가 죽을는지 모른다고 말할 때 평론가 민병산은 단호히 고개를 저었다.

"천상병은 죽지 않는다. 그의 이빨을 기억하나? 유난히 작고 새까만 이빨이 의장대같이 가지런한 치열을 이루고 있고. 그걸 볼 때마다 난 그에게서 치열한 생명력을 감지하곤 했어. 천상병은 죽지 않는다. 그는 우리들 중 어느 누구보다도 오래 살 것이다."

1967년 6월, 난데없는 간첩 혐의로 수사기관에 연행되었을 때 천상병은 죽음 직전이었다. 그때 감옥에 갇히지 않았으면 죽었을는지 모른다. 감옥에서 고통을 받았지만 도리어 그래서 살아날 수 있었던 것이다. 심한 아이러니이다. 그의 운명도 그를 닮아 장난기가 있어 보인다.

그 마지막 여름날 정오께 명동에 나타났을 때 그에게는 고개를 저을 힘조차 남아있는 것 같지 않았다.

  그는 간신히 입술을 움직거려 그날 아무것도 먹지 않았다고 말했다. 아침마다 손바닥만한 보시기로 한번 먹는 순두부는 물론이고 한두 시간 건너 한 잔씩 마셔야 하는 막걸리도 마시지 못했다는 것이었다. 그럴 힘이 없더라는 것이었다.

  막걸리도 마실 수 없다면 그에게 힘이 없는 것은 당연한 일이었다. 적어도 그 몇 달 동안 천상병은 새벽의 순두부 한 보시기와 막걸리 외에는 곡기라곤 입에 대지 않았다. 막걸리 속에 제법 들어 있다는 칼로리만 가지고 그는 친구들에게 욕지거리를 퍼붓고 상소리를 하고 히히덕거릴 수 있었던 것이다. 그는 안주도 먹는 일이 없었다. 기껏 젓가락 끝에 소금을 묻혀 빨아먹는 것이 고작이었다. 아니면 김치속에 들어 있는 조그만 파 한 조각을 건져 마치 갈비를 씹듯 질겅질겅 씹어대는 것이 안주의 전부였다.

  그러나 단 한 가지 방법이 있었다. 그것은 그가 감옥에 갇히는 일이었다. 하늘만이 그 방법을 알고 있었다. 그리고 하늘은 알고 있는 것을 즉시 행했다. 송원기원 계단 아래 기진해 서 있는 그를 검은 지프차가 실어다가 전혀 터무니없는 죄목으로 감옥에 가둔 것이었다. 천상병은 하늘이 낸 사람이었다.

  천상병은 말한다.

  "이놈들아, 나는 세상에서 제일 무시무시한 **빽**을 가진 사람이야. 하느님이 내 **빽**이거든."

  그건 사실이다. 거짓말이나 허풍이 아니다.

  마침 천상병의 담당검사가 시인 최절로의 중학 동창생이었다. 최절로가 그 검사를 찾아가 엄포를 놓았다.

"내 친구 천상병을 사기그릇 다루듯 정성스럽게 다뤄야 해. 섣불리 뺨따귀라도 한 번 때리면 그 자리에서 뻗어버릴는지 몰라. 공연히 죄도 없는 사람 건드렸다가 송장 치지 말어!"

담당검사는 취조하기 전에 먼저 천상병의 건강을 회복시켜 놓아야 했다. 감옥에 소주나 막걸리가 있을 턱이 없으니 천상병이 마실 것은 설렁탕 국물뿐이었다. 그러니까 그가 고통을 맞이한 것은 설렁탕 국물로 기력을 회복한 다음의 일이었다.

출소한 후 그는 한동안 전처럼 명동을 누비고 다녔다. 그런데 친구들은 그에게서 뭔가 모르게 달라진 점이 있다고 느끼지 시작했다. 이를테면 천상병의 말에서 과대망상 증세를 감지한 것이었다.

"문디자식들, 난 서정주하고 같은 급이야. 시인이 아니고 시성(詩聖)이야. 나는 시를 짓지 않는다. 입을 열면 그대로 시가 흘러나오고 내가 원고지에 적는 것은 모두가 시야. 알겠나! 문디자식들!"

실지로 그 즈음에 발표한 그의 시는 시를 지은 흔적이 보이지 않았다. 그의 시는 시적 눈치를 전혀 보지 않고 있었다. 그가 친구에게 하는 일상의 말을 그대로 적고 있을 뿐이었다.

그즈음 명동의 문인 건달들이 단골기원을 관철동의 한국기원으로 옮겼다. 조남철이 경영하던 송원기원이 문을 닫았기 때문이었다. 천상병도 명동에서 삼각동으로 그리고 다시 관철동으로 단골 막걸리 집을 옮겼다.

관철동을 한동안 배회하던 그가 어느날 온다간다 소리도 없이 사라졌다. 부산에 내려가 특급열차 기관사로 일하는 백씨 계병에게 몸을 의탁한 것이었다.

천상병이 떠나버린 서울은 쓸쓸했다. 명동도, 삼각동도, 관철동도 텅빈 바람소리가 횡행했다.

그러나 이따금 바람결에 들리는 부산에서의 천상병 소식을 술좌석에서 나누며 친구들은 좀 아쉬워진 웃음을 보충할 수 있었다.

그즈음 부산에는 지금은 생사조차 알 길 없는 시인 이현우가 내려가 있었다. 서울에서도 친구들의 주머니를 터는 솜씨가 쌍벽이었던 천상병과 이현우가 좁은 부산 바닥에서 맞닥뜨렸으니 경치가 구경할 만했다. 부산에는 그들이 찾아가 술값을 빼앗아 올 만한 신문사나 잡지사, 방송국이 한손의 손가락을 꼽을 정도밖에 되지 않았다. 그러니 이 자랑스럽지 못한 동업자들이 영업 도중 맞닥뜨리는 경우가 한두 번이 아니었다.

같은 무늬의 남방셔츠를 입은 사람을 만나면 남자들이라도 어색해지는 법이다. 몇 번 마주쳐 어색한 장면을 겪은 후 두 사람은 꾀를 냈다는 것이다.

"부산을 반으로 갈라 동쪽은 이현우의 것이고 서쪽은 천상병의 것이고 하는 식으로 구역을 정했다는 거야. 서로 구역 침범을 하지 않기로 했다나. 으하하……."

천상병은 종종 시 원고를 서울의 신문 잡지사로 보내놓고 고료를 부치라고 했다. 그런데 그 시라는 것이 차츰 시적 논리나 통일성을 잃어 가고 있었다. 아무리 서정주 같은 시성이 썼다고 해도 앞뒤가 맞지 않고 주어와 동사 형용사가 제각기 따로 놀면 그것을 시라고 할 수는 없었다. 특히 신구문화사에 있으면서 『창작과비평』을 당분간 맡아 경

영하던 시인 신동문의 책상서랍에 게재하지 못한 천상병의 시가 쌓여
갔다.

71년 7월 31일 그날 나는 집으로 돌아가기에는 좀 이른 오후 세 시
쯤 관철동의 한국기원을 나섰다. 이튿날부터 모 출판사에 출근하기로
돼 있어서 목욕을 하고 이발도 할 셈이었다.

그런데 한국기원 현관 앞에서 나는 발이 얼어 멈춰서지 않으면 안
되었다. 천상병의 모습이 거기 보였기 때문이었다.

"홍규야, 이놈아 이놈아, 문디자식!"

분명 천상병이었다. 몰골이 말이 아니었다. 체크무늬 남방셔츠에
지랄한다고 넥타이는 꼭 졸라매 숨이 막히게 생겼는데 그 넥타이란
것이 배배 꼬여 새끼줄 같았다. 불두덩에 걸친 반바지까지 합치면 서
투른 보이스카웃 복장이었는데 하도 때가 찌들어 무슨 색깔의 옷인지
를 분간할 수 없었다. 얼굴은 새까맣게 타서 가죽만 남은 미이라의 형
상이었다.

커다랗게 웃는 웃음소리와 그럴 때 보이는 하얀 이빨만 아니라면
그것은 그대로 하나의 시체였다. 기가 막혔다.

"어찌된 일입니까?"

"지금 부산에서 올라오는 길이다. 부산서 여기까지 자전거를 타고
왔다."

"예?"

믿을 수 없었다. 미쳤다더니 정말 미쳤구나 하는 생각이 들었다.

"정말이다. 자전거를 타고 추풍령 고개를 넘을 때가 제일 힘들었어.

그렇지만 고개 위에는 바람이 참 시원하더군. 그 다음부터는 단숨에 내리막길을 달려왔지. 자전거는 서울역 앞 무허가 하숙집에 맡겨놓고 오는 길이야."

내가 미더워하지 않는 눈치이자 정황 증거와 알리바이까지 갖다붙였다.

"오는 길로 한무숙 씨 남편한테 들렀지. 돈 오백만 원을 대부해 주더군. 현금 오백만 원이 얼마나 무거운 줄 아나? 보스톤 백으로 하나 가득이야. 백째로 구로동 하숙집에 맡겼어. 잡지사나 하나 차려 볼까 해."

도무지 믿기지 않는 말을 그가 천연덕스럽게 하고 있으니 영 안 믿어 버릴 수는 없었다. 소설가 한무숙의 남편이 어느 은행의 은행장이라는 말을 그에게서 들은 적도 있었다.

"올라가서 바둑 한판 둬 볼까. 이젠 네가 넉 점 깔아야 해. 부산에서는 일급들이 모두 내게 넉 점을 까는데 이겨간 놈이 없었어."

비로소 나는 그가 한 말이 모두 미친 소리란 것을 확신할 수 있었다. 바둑이라면 천지가 개벽해도 그가 나를 이길 수가 없었다. 내 앞에 아홉 점을 깔아도 불가능한 일이었다.

미친 사람이 분명하다는 확신이 들자 막연했다. 도무지 나 혼자서 감당할 일이 아니었다. 그를 현관 앞에 세워놓고 유전다방 안으로 들어가 공중전화 다이얼을 돌렸다.

제일 먼저 소설가 J씨를 불렀다. 그는 늘 천상병의 일이라면 발을 벗고 나섰던 사람이었다. 그런데 내가 천상병의 상경을 알리자 그는 대뜸 말했다.

"내 사무실 위치를 가르쳐주지 말아요. 내 전화번호도."

그래서 이번에는 시인 P씨에게 또 전화를 했다. 그런데 P씨의 대답도 어쩌면 그렇게 똑같을 수가 없었다. 배신감이었다. 그러나 훗날 나는 그것이 천상병의 비참한 상황을 정확하게 전화로 전달해 주지 못한 나한테 잘못이 있었다고 뉘우쳤다.

아무튼 나는 실망해서 나올 수밖에 없었다. 천상병은 아직 현관 밖에서 제식 훈련을 하는 병사처럼 서투른 제자리걸음 연습을 하고 있었다.

"어떻게 됐어?"

"모두들 사무실에 없군요."

"그럼 나하고 같이 여관에 가서 자자. 피곤해 죽겠어."

그가 먼저 제안하지 않았어도 당연히 그렇게 해야 했다. 그가 혼자서 여관에 간다면 억만금을 낸다 해도 재워줄 여관이 없을 것 같은 상황이었다. 그러나 나는 이튿날 아침 옷을 갈아입고 첫 출근을 해야 한다는 쥐새끼 같은 이기심으로 꽉 차 있었다.

"여관비라면 내게 있으니까 염려하지 마라."

그의 왼손에 꼬깃꼬깃한 지폐가 5천 원 쥐어져 있었다. 아마도 오백만 원 대부를 받았다는 것이 바로 그것일 터이었다. 그래도 내가 망설이는 눈치를 보이자 그가 깨끗이 단념했다.

"그럼 여기서 헤어지자. 신동문에게 가 볼 일이 있어. 시를 보내줬는데 아무 소식이 없었으니 가서 한번 따져 봐야겠어."

신동문을 왜 내가 생각하지 못했는가 싶었다. 신동문이라면 충분히 천상병을 돌봐줄 수 있는 사람이었다. 그가 근무하는 신구문화사가 가까운 수송동에 있다는 것도 마음놓이는 일이었다. 수송동 쪽으로 걸어가는 천상병의 그림자가 제법 길게 보였다. 그러나 그것이 이 아름다운 시인의 실종 직전의 모습이라는 것을 나는 알지 못했다.

하마터면 천상병이 우리의 가슴에 영원히 쓰라림을 멈추지 못하는 못을 박을 뻔했다. 그러나 천상병은 그렇게 하지 않았다. 그는 죽지 않았다. 그는 하늘이 낸 사람이었다. 하느님이 그의 '빽'이었다.

이튿날 첫출근을 했지만 나는 일손이 잡히지 않아 전전긍긍했다. 출근 첫날부터 전화통에 매달리는 것도 일이 아니어서 나는 점심시간을 기다려서 우선 신동문에게 전화를 했다. 그런데 신동문은 천상병을 만나지 못했다는 것이었다. 가슴이 덜컹 내려앉았다. 그 다음부터는 정신없이 생각나는 대로 다이얼을 돌렸다. 아무도 아무 데도 그를 만났다는 사람은 없었다.

이튿날도 상황은 마찬가지였다. 사흘째 되는 날, 나는 그것이 나 혼자 감당할 일이 아니라고 깨닫고 현대문학사에 연락을 했다. 소설가 김국태가 최선을 다해 수소문 해보겠다고 약속했다. 그러나 김국태도 결국은 손을 들고 말았다. 서울 시내에서는 천상병의 그림자를 찾아낼 길이 없다는 것이었다.

차라리 그 소리가 마음이 놓였다. 서울에 없다면 부산의 형님 집에 내려간 것으로 믿어졌다.

천상병의 실종의 진실이 알려진 것은 그로부터 석 달이나 지난 후였다. 서울의 친구들은 그가 부산에 가 있겠거니 했고, 부산의 가족들은 서울에서 쏘다니고 있겠거니 믿기만 했다. 그러다가 부산에도 그가 없다는 사실에 누군가가 갸우뚱거리기 시작해서 실종됐을지 모른다가 되었고 죽었을는지도 모른다로 되었다.

　사람이 없어져야 그 사람의 소중함을 아는 법인가. 그제서야 친구들이 서두르기 시작했다. 일단 그가 사망한 것으로 간주하고 유고시집이라도 내줘야겠다고 의견을 모았다. 그때까지 천상병은 시집 하나 가지지 못한 건달시인이었다.

　민영이 그의 시 60여 편을 모으고 박재삼, 정인영, 송영택이 이러저럭 뒤치다꺼리를 하고 사진을 구하지 못해 김영태가 기억나는 대로 천상병의 초상화를 그려서 성춘복이 천상병시집을 상재했다.

　그의 실종을 앞에 놓고 친구들은 그의 죽음만은 믿으려 들지 않았다. 그의 장난기를 알고 있었던 것이다. 어딘가에 숨어서 그들이 하는 꼬락서니를 보며 낄낄거리고 있을 것으로만 여겼다. 실지로 그랬다.

　친구들이 북새통을 벌이고 있는 동안 천상병은 점잖게 홍은동 시립 정신병원 침대에 드러누워 가가대소하고 있었다. 행려병자로 길거리에서 끌려가 내내 거기 누워 있었던 것이다. 평생 직업과 증명서를 가진 일이 없으니 그 흔한 주민등록증도 있을 리가 없었다. 아무도 그가 시인 천상병인 줄 알 리가 만무했다.

　마침 담당의사인 김종해가 그를 알아봤다. 천만다행이었다. 천상병의 시집이 출판되고 신문이 떠들썩하자 김종해가 출판사로 연락을 하고 부산의 형에게도 편지를 띄웠다. 그러나 당자인 천상병은 아직 친구들을 알아보지 못했다. 친구들뿐만 아니라 자기 자신이 누구인지도 알지 못했다.

　아무튼 천상병은 소생했다. 천상병은 하늘이 낸 사람이었다.

　그가 일곱 살 때 형 주병을 따라 산에 새를 잡으러 갔다. 지금은 그의 시집 속에 새를 많이 가둬놓고 있지만 어려서부터 새를 꽤나 좋아했던 모양이다. 그런데 이 새를 좋아하는 소년이 공중의 새만 좇다가 발밑을 보지 못했다. 소년은 벼랑 아래로 굴렀다. 그래도 소년은 죽지 않았다. 죽기는커녕 한군데 상처도 입지 않았다. 그대신 한손으로 소나무 뿌리를 잡고 대롱대롱 매달려 있었다.

당연한 일이었다. 주인공이 초저녁에 죽어버리면 얘기가 될 리가 없다. 불과 일곱 살짜리가 순발력이 있으면 얼마나 있을 것인가. 소년은 하늘이 낸 사람이었다. 그것밖에는 설명할 말이 없다.

지금은 천상병이 수락산 기슭의 처가에 얹혀 산다. 이따금 시내에 나오면 실비집에 들러 막걸리를 마시고 아내가 경영하는 찻집〈귀천〉에 앉아 종일 "문디가시내, 문디가시내"를 더듬는다.

그러나 언젠가는 천상병이 석양의 언덕 위에 나타날 것이다. 총잡이의 검은 재킷을 입고 백마 위에 우뚝 서서 우리를 굽어볼 것이다. 그러면 우리는 모두 용서를 빌어야 할 것이다. 그는 말없이 쌍권총을 뽑을 것이다. 앨런 래드만큼 빠른 속도로 정확하게 우리의 가슴에 콩알 하나씩을 박아 줄 것이다. 우리의 심장에서는 검붉은 피가 아니라 커다란 웃음소리가 흘러나올 것이다.

비로소 그가 말할 것이다.

"이 더러운 문디 비겁자놈들아!"

우리가 눈을 들어도 그는 이미 거기 없을 것이다. 왜냐하면 천상병이 왕대포를 마시러 갈 시간이기 때문이다.

크레이지 배가본드. 천상병.

(1987년 10월)

나의 사위, 천상병

조성대 할머니(천상병 시인의 장모)와의 인터뷰

'장모님 아무쪼록 백 살까지 사셔서 / 저승에서도 같이 지냅시다' 천상병 시인은 「장모님」이라는 시에서 이렇듯 장모님에 대한 사랑을 노래한 바 있다. 천상병 시인의 장모님, 즉 조성대 할머니는 올해 아흔일곱 되셨다. 그분이 기억하시는 천상병 시인을 담아보고자 인터뷰를 시도했다.

하지만 백살 가까이 되신 노인의 기억에 의지하다보니 말이 두서가 없었다. 그럼에도 불구하고 천상병 시인의 일상을 누구보다 잘 아는 분의 말씀이라 싣게 되었다. 읽는 데 다소 무리가 있으니 독자 여러분의 이해를 바란다.

―천상병 시인은 어떤 분이셨습니까?

"처음에 고모부(조카들과 함께 사셨기 때문에 사위를 고모부라 부르셨다)가 동백림 사건이 안 났으면 똑똑한 사람이지. 시인이고 평론가거든. 그리고 얼매나 똑똑한 사람인데, 동백림 사건이 바보로 만들어놨거든. 그기 정치적으로 그랬대. 요즘 사과해야 한다고 그러대…… 그래, 보상을 해줘야 하는데…… 아무래도 지 마누라가 있으니까 받아야지뭐.

처음에 집에 데려다 놓니께 바보야. 아무것도 몰라. 그래, 방을 이웃에 하나 얻어놓고 우리 집에 와서 쟤들 에미가 옷을 갈아입히고 (내가) '밥을 먹어야지?' 이러니까나 '나 배 고픈데 밥 사발이 커요? 이만해요?' 그래, '밥 사발이 큰데 내가 줄게.' 그 식기가 아직도 이만한 게 (집에) 있어. 거기다가 밥을 한 그릇 줬어. 얼마나 배를 곯아서 (병원에 있다가 나왔으니까). 그래. 다 먹어. 진짜 다 먹어. 이러구.

그래, 인자 방을 얻어서 (사위를) 거기다 갖다 놓고 내가 가서 날마다 밥을 해주지. 에미가 날마다 가게에 나가야 하니께. 인자 그 양반이 심심하니께 내가 있으면 늘 와요."

―천상병 시인이 목여사님과 결혼한 얘기 좀 해주십시오.

"결혼해서 한 달도 안됐는데 미친병이 도져. 그래가지고 또 병원엘 갔잖아. 갔더니 담당의사가, 그 사람(김종해 박사)이 그거해 가지고 또 나샀어(김종해 박사는, 천상병 선생이 실종된 후 사망으로 간주되어 유고시집이 나오자 이를 신문에서 보고 행려병자 틈에서 천상병 선생을 발견하여 많은 도움을 주신 분이다). 그 사람이 중매를 했어. 김종해 박사가 '상병이가 인물이 괜찮으니께 옥이 너 시집 가거라. 그래서 너는 병풍수나 놓고 상병이가 시나 쓰면 둘이 먹고 살잖아' 그러니께, '(친구) 동생인데 우째 (장가를 가냐고)……'

동생이래도 피가 섞였나, 살이 섞였나. '동생도 괜찮아.' 그래가지고 결혼을 했어.

―함께 사시면서 어려운 점은 없으셨는지?

"맨날 살아야 어찌 그리 잘 병을 해. 똥을 잘 싸요. 변소 간다고 가다가 똥을 또 싸가지고서 '엄마 똥 쌌어요.' 애나 한가지야. 그러면 내가 물을 퍼가지고 씻기고 닦이고……."

―술도 참 좋아하셨잖아요?

"누워 자다가 술이 먹고 싶으면 '엄마, 술이 먹고 싶은데요.' (에미가) 술을 꼭 아침에 (막걸리) 한 병 받아주고 가요. 그러면 '에미한테 전화해 봐라. 내가 받아줄게' 그러거든. 그러면 전화를 한다. 전화를 해서 '나 술이 한 병 더 먹고 싶다.' 지가 그래요. 그러면 내가 '노래 한 번 하면 술 반병 더 받아줄게' 그러면 〈타향살이〉 그 노래를 해.

'엄마, 한 병 더, 한 병 더요.' 그러면 내가 한 병 더 사주고. 시간 되면 '엄마, 밥 주소.' 걸음도 잘 못 걸어. KBS에서 와서 촬영할 적에 어데 가는데 업고서 갔다고 방송국 직원이. 을매나 고생스러웠겠노. 그렇게 사람을 못쓰게 만들어 놨어.

―돌아가시던 날 얘기를 좀 해주세요.

"죽을 때도 어찌 그렇게 죽었나 몰라. 밥 돌라캐서 아침 7신가 일어나가지고 밥 줄 때가 10신가 그랬을 거야. 밥을 주니께 두 숟갈 떠먹고 그렇게 휘딱 넘어졌잖아.

밥 숟갈이 원래 이만해. 성질이 급해 가지구. 계란찜하고, 오이는 365일 늘 내야지. 생오이.

그래가지구서 휘딱 넘어가서 내가 '왜 이래노, 왜 이래노' 하니께,

내가 그때 개를 멕였거든. 복실이를 같이 먹이고 재우고 그랬거든. 그런데 물을 떠먹여도 안 넘어가. 그랬더니 개가 막 나한테 달려들어요. 지 아버지 해롭게 하나 싶어가지구. 그래서 내가 119를 불러가지구 차에 태워 병원에 가는데 죽어버렸어. 고모(목여사)는 나가고 없지. 그래 죽어서 다 끝났지."

—지금 안 계시니까 어떠세요?
"처음에는 옆에 살다가 나중에는 같이 살았어. 그래도 고모부가 간경화증에 걸려서 배가 이렇게 불러가지고 똥을 쌀 때는 하루에도 내가 그걸 열여덟 번을 치웠어. 그렇게 쌌다구…….

죽고나니께 '엄마요, 밥 주소. 막걸리 주이소' 그러는 게 아들 노릇 충분히 했지뭐. 그래 살았으니께 자식이지 뭐. 사우라 칼 수도 없고."

(정리:정혜정)

글로 그린 천상병 캐리커쳐

"내가 왜 기인이오?
나는 지금까지 기인적인 일을 해본 적이 없습니다.
세수도 안 하고 목욕도 안 하고 결혼했지만, 누가 날더러 기인이라고 하면, 죽어라고 싫습니다. 죽어라고 싫습니다.
우짜노, 우짜노, 우짜노. 우리나라엔 기인이 없어요.
나는 그냥 천상병이요, 천상병!"

막걸리만 먹고 사는 시인 천상병

정호승(시인)

"나, 돈 천 원만 주시오"

서울 종로구 인사동 〈까치다방〉 맞은편 골목에 있는 찻집 〈귀천〉. 막걸리에 벌겋게 달아오른 얼굴로 연거푸 시계를 들여다보며, 한쪽 다리를 세차게 덜덜 떨면서 시인 천상병(千祥炳, 55세)은 앉아 있었다.

"누구요? 누구? 누가 날 찾아왔소? 찾아왔소? 옳지, 옳지, 옳지. 나 돈 천원만 주시오, 천원만 주시오."

그는 소문대로 한 말을 몇 번씩 반복하면서 돈부터 달라고 손을 내밀었다. 그는 이 시대의 마지막 기인, 괴짜 시인, 문단 걸인이라고 불린다. 시인 김종삼(金宗三) 씨가 올봄에 작고한 이후, 그에겐 '마지막'이라는 수식어가 붙었다. 그러나 그는 자신을 기인이라고는 절대 생각하지 않는다.

"내가 왜 기인이오? 나는 지금까지 기인적인 일을 해본 적이 없습니다. 세수도 안 하고 목욕도 안 하고 결혼했지만, 누가 날더러 기인이라고 하면, 죽어라고 싫습니다. 죽어라고 싫습니다. 우짜노, 우짜노, 우짜노. 우리나라엔 기인이 없어요. 나는 그냥 천상병이요, 천상병!"

기인이란 보통 사람과 달라야 하고, 보통 사람과 다르기 위해서는 보통 사람과 다른 생각을 해야하는데, 자신은 누구보다도 인생에 대한 정확한 생각을 한다는 것. 그러나 과연 그럴까?

그는 현재 경기도 의정부 질바위 동네 단칸 월세방에서 허구한날 직장 생활도 하지 않고 시만 쓰며 살고 있다. 밥 대신 주로 막걸리를 마시며, '수염도 깎기 싫고 해서' 금요일 날만 부인 목순옥(睦順玉, 47세) 씨가 경영하는, 서너 평 될까말까 한 영세한 찻집〈귀천〉으로 나온다.〈귀천〉은 그의 시「귀천」에서 따온 것. "어느 시인이 돈을 좀 대줘서 문을 연지 며칠 되지 않는다"고 한다.

"요놈의 가시나(그는 자기 부인을 이렇게 불렀다)는 이 집에 매일같이 나오는데, 나는 집에서 그냥 놀고 먹습니다, 놀고 먹습니다. 내 혼자서 책도 보고 시도 쓰고 쓸쓸하게 지냅니다. 아이구 제기랄, 와 이리 손님이 없노? 이리 손님이 없으면 우리 굶어 죽는 거 아이가, 우리 굶어 죽는 거 아이가?"

천상병은 문단 동료 선후배 가릴 것 없이 누구나 만나기만 하면, "백 원만 주쇼, 백 원만 주쇼"하고 불쑥 손을 내미는 것으로 유명하다. 특별한 호구지책이 없는 그는 남들에게 몇 푼씩 돈을 얻어서 살아 왔는데, 자신에겐 막걸리 한 잔 값이면 족하다면서 백 원 이상을 주면 오히려 사양하는 미덕(?)도 발휘해 왔다. 그러나 세월의 흐름에 따라 막걸리 한잔 값이 백 원에서 2백 원으로 올랐듯이, 그가 요구하는 액수도 점차 늘어나 백 원이 2백 원으로, 2백 원이 5백 원이 되었으며, 근래에는 천 원이나 2천 원을 요구하게 되었다.

그는 이렇게 번 돈으로 늘 술을 마셨다. '막걸리가 곧 밥'이라는 그의 말대로 그는 도통 밥을 먹지 않고 막걸리로 끼니를 때웠다.

"내가 돈이 없으니까, 내가 돈이 한 푼도 없으니까, 내 친구놈 중에 돈이 있는 놈을 보면 한 푼 두 푼 달라고 했지, 내가 뭐 돈이 탐나서 달라고 했나. 집에 갈 차비도 없고 마누라가 돈을 안 주니까, 안 주니까. 나는 예수쟁인데 예수도 가난한 사람을 좋아했지. 부자가 천국으로 가는 것은 낙타가 바늘구멍으로 들어가는 것만큼 힘들다고 했어. 나는 가난을 참으로 사랑해요. 그렇지, 그렇지, 나는 가난함을 수치로 생각하지 않지."

밥 대신 술만 먹다

1930년 경남 창원에서 태어난 그는 1952년 마산중학 5학년 때 당시 국어 교사이던 김춘수(金春洙) 시인의 영향을 받고 시를 쓰기 시작, 그 무렵 「강물」이란 시가 『문예』지에 추천됨으로써 시인이 되었다. 그런데 그는 서울대 상대 2학년 때부터 문인들과 어울려 술을 마시기 시작했고, 급기야는 술주정뱅이가 되었다.

그는 대선배 평론가 조연현(趙演鉉, 작고) 씨 집에서 술을 마시고 조연현 씨에게 입에도 담지 못할 욕설을 퍼부은 일이 있었다. 이 날 술자리에 참석한 오상원(吳尙源, 소설가), 구자운(具滋雲, 작고시인), 김양수(金良洙, 문학평론가) 등은 이제 겨우 문단에 나온 풋내기 시인이 문단의 대선배에게 무례하게 대들 뿐만 아니라, 욕설까지 퍼붓는 것을 보고 그저 눈이 휘둥그레질 뿐이었다.

조연현 씨는 천상병의 「나는 거부하고 반항할 것이다」라는 표제의 문학 평론을 추천해 준 문단의 은사. 평범한 사람이라면 그런 은사에게 대놓고 욕질을 할 수 없는 일. 술에 얽힌 그의 일화는 많은 편인데, 시인 박재삼(朴在森) 씨의 얘기를 들어보자.

"천상병 씨와 저는 연배가 비슷하고 서로 술과 바둑을 좋아했기 때문에 자주 어울렸습니다. 그런데 한번은, 67년쯤으로 기억됩니다만, 둘이 술이 취해서 단칸방이었던 제 집에 가서, 자는 아내와 아이를 벽쪽으로 밀쳐놓고 세상 모르게 잠이 들었습니다. 그런데 한밤중에 갑자기 소나기 오는 소리가 들려 잠을 깨보니, 천상병, 바로 그 사람이 방안에다 소변을 보고 있지 뭡니까. 소나기 소리란 바로 천상병이 소변보는 소리였단 말입니다. 그러고서도 그대로 누워 다시 태평스럽게 잠을 자더군요."

그 뒤 박재삼 씨는 몇 차례 집을 옮겨 다녔지만, 곤욕을 치른 부인과의 약속 때문에 그를 한번도 집에 데려오지 않았다. 그런데도 천상병은 박재삼 씨를 집으로 찾아간 적이 딱 한번 있었다.

"제가 고혈압으로 쓰러져 누워 있을 때였는데, 그가 찾아왔더군요. 손에 달걀 한 꾸러미를 들고 말입니다. 날 위해 문병을 온답시고 남에게 구걸한 돈으로 달걀을 사 온 겁니다. 그래서 그 땐 천상병이도 사람 다 됐다는 생각이 들더군요."

죽지 않고 유고시집 『새』 출간

술 없이는 나의 생을 생각 못 한다/ 이제 막걸리 왕대포집에서/ 한 잔하는 걸 영광으로 생각한다/ (중략) 아내는 이 한잔씩에도 불만이지만/ 마시는 것이 이렇게 좋은 줄을/ 어떻게 설명 하란 말인가?

이런 「술」이란 시를 썼던, 마누라 호주머니에서 돈 50원을 훔쳐 술을 마실 정도였던 그는 70년 초봄 어느 날 〈한국기원〉 아래층 〈유전다방〉에서 급기야 졸도를 하고 말았는데, 동료 문인들이 병원으로 데려가 회복시킨 뒤, 부산 형님 집으로 내려 보냈다. 부산에 내려간 그는 작품 발표에 열을 올렸다. 박재삼 씨는 "이 때 발표된 시들이 이상하게도 빼어나고 또 죽음을 예감케 하는 바가 있었다"고 한다.

그는 그 해 7월에 부산에서 자전거를 타고 다시 상경했다.

"정말이야. 자전거를 타고 서울까지 왔어. 그런데 형(그는 처음 만난 기자를 형이라고 불렀다), 내 말 좀 들어봐. 추풍령 지나 충남 어느 농가를 지날 때 목이 몹시 말랐는데, 어느 농부가 날보고 자기 집으로 들어오라는 거야. 그래서 '나 냉수 한잔 주시오' 했지. 그랬더니 그 농부가 '점심은 먹었느냐'고 묻더군, 그래서 '안 먹었다'고 했더니 그 농부가 냉수는 물론 '점심까지 들고 가시오' 하더라. 세상에, 세상에, 요즘 세상에, 그리 착한 사람이 어딨어? 안 그래 형?

그 후 그는, 하루에도 몇 차례씩 〈현대문학〉이나 〈월간문학〉 편집부, 〈한국기원〉 등에 나타나, "백원 주쇼" 하고 손을 벌리며 웃음을 선사하던 발걸음을 뚝 끊고 갑자기 행방이 묘연해지고 말았다. 그가 어디로 사라졌는지 아무도 알 수 없게 된 것이다. 동료 문인들은 그가 술을 먹고 길거리에 쓰러져 죽었을 것이라고 대부분 생각했다.

그래서 시인 민영(閔暎) 씨가 흩어진 그의 작품을 모으고, 성춘복(成春福), 박재삼, 이형기(李炯基) 씨 등 평소 그와 가깝게 지냈던 시인들이 발벗고 나서, 71년 12월 그의 유고시집 『새』를 출간했다. 이는 죽지도 않은 시인의 유고 시집으로 출간된 것.

"내가 중앙 문단에 소식이 없었거든, 없었거든, 내가 죽은 줄 알고, 죽은 줄 알고 요렇게 살아 있는데, 시집을 내준 거요."

그 때 천상병은 서울 응암동 소재 시립정신병원에 입원해 있었다. 술을 먹고 조그만 몸뚱이 하나 눕힐 곳 없었던 그는 성북동 길거리에 쓰러져 있다가 밤늦게 순찰중인 경찰에게 발견되어, 경찰 백차를 타고 정신병원으로 이송된 것이다.

정신병원에 두 번이나 입원

병원에서 행려병자로 처리된 당시 그의 나이는 마흔 한 살. 주소와 이름을 묻는 간호원에게 시인 천상병이라고만 밝히고 그외 아무 것도 그는 대답하지 못했다. 그는 '알콜에 의한 정신적 황폐증'에다 정신쇠약 증세까지 겹쳐 우습게도 대소변을 가리지 못했다. 이러한 사실은 72년 1월, 그의 담당 의사였던 김종해(金鐘海, 작고) 박사가 박재삼 씨에게 전화를 걸어 세상에 알려졌다. 김 박사는 천상병의 유고시집 『새』에 관한 신문기사를 읽고 자기가 치료하고 있는 환자가 바로 시인 천상병임을 알 수 있었다.

그는 "옷이 있어야 나갈 텐데, 빨리 기저귀 신셀 면해야 할 텐데" 하면서 급히 찾아간 친구들에게 웃음기 없는 얼굴로 말했다고 한다.

"김종해 씨는 고마운 분입니다. 참으로 고마운 분입니다. 내가 정신병원에 있을 때 매일 도시락을 두 개씩 싸가지고 와서 하나는 내게 주었습니다. 병원 음식은 맛이 없는데, 이 얼마나 고맙습니까, 고맙습니까. 그리고 지금 내 마누라가 된 목순옥이가 일주일에 한두 번씩 나를 찾아오니까, 내 보고 결혼하라고, 결혼하라고 합디다. 그래서 내가 이 가시나한테 결혼하자고 했습니다, 결혼하자고 했습니다. 왜냐고요? 왜냐고요? 이 가시나가 날 살려 주겠다고 했으니까. 나도 결혼하고 싶은 생각이 있었으니까, 있었으니까."

마흔세 살의 나이로 결혼한 그는 한때 아내의 충고를 받아들여 술을 절제하기도 했다. 그러나 부인과의 약속을 내세워 술을 사양하는 그를 보고 주변사람들이 '이제 천상병의 시대는 끝났다' 고 아쉬워하자, 다시 술을 마시기 시작, 국립 정신병원에 3개월간 두 번째 입원을 하기도 했다.

"정신병 증세가 없는데, 내가, 자꾸 술을 사달라고 조르니까, 조르니까, 이 가시나가, 이 마누라가 억지로 입원시켰어."

부인의 말에 따르면 그는 지난해 11월부터 새로운 버릇이 하나 생겼다고 한다. 남들에게 술값으로 얻은 돈의 일부를 신용조합에 맡기기 시작했다는 것.

"현재 그이의 통장에는 10만원 남짓 저축돼 있어요. 30만원만 저축하면 보증금 20만원에 월 1만 오천 원씩 내는 지금의 사글셋방에서 전세방으로 옮길 수 있다는 거예요. 제가 그런 잠꼬대 같은 말이 어디

있냐고 해도, 그이는 50만원만 되면 그런 집도 하나 살 수 있다고 주장해요."

천상병은 아내가 손님에게 커피를 끓여 나르는 동안, "가만 있자, 니 차비 줬나? 내 가야 된다 어? 차비가 없네. 아까 천원 있었는데, 있었는데, 어디 갔노? 어디 갔노" 하고 연신 돈을 찾는다.

"아까 2백원 주고 막걸리 한잔 마시고 오셨잖아요. 여기 5백 원짜리 동전 세 개 있잖아요" 하고 부인이 일러줘도, 그는 조금 전 2백원 주고 막걸리 한 잔 마셨다는 사실을 까마득히 잊어버리고 어린애마냥 동전만 만지작거린다.

인생의 사소한 진실이 시

『새』, 『주막(酒幕)에서』, 『천상병은 천상시인이다』 등의 시집을 낸 그는 시를 진실이라고 생각한다. 그에게 있어 진실이 아닌 것은 시가 아니며, 인생의 사소한 진실이 곧 그의 시다.

"아니? 내 할 일이 시 쓰는 것밖에 더 있소? 시에 대해 자꾸 물으면 당신을 죽이겠다, 죽이겠다. 시는 인생에 있어 최고의 가치를 지닌 것. 시인들이 밤이나 새벽이 돼야 시가 써진다는 건 거짓말이요, 거짓말. 나는 아무 때나 씁니다. 볼펜으로 원고지 뒷면에 지저분하게 생각나는 대로 씁니다. 한 번 쓰면 두 번 다시 고치는 법이 없어요. 충동을 받을 때, 인생의 진실을 충동받을 때, 시가 막 써지는 거요. 우리나라 시인 중에서 미당(未堂) 서정주(徐庭柱)의 시를 좋아하는데, 서정주 시인이 예수를 믿으면 더 좋은 시를 쓸 수 있을 것인데, 그는 그걸 모른다. 그걸 모른다. 그래도 미당 선생의 시에는 인생의 진실이 있다. 나보다 더 있다, 더 있다."

그는 요즘 젊은 시인들의 시는 "도대체 진실이 없기 때문에 안심하고 못 보겠다"고 개탄한다. 그의 시의 모티브는 '새'다. 그는 우리 인간들이 때로 새만도 못하다고 한탄한다. 혼자 집에서 참새들이 방문 앞에 도르르 내려와 동동거리며 노는 것을 볼 때 그는 자유와 행복을 느낀다.

그러면서도 그는 하루 중 가장 행복할 때가 '마누라가 빨리 집에 들어올 때'라고 한다. 그의 부인은 보통 밤 11시 30분쯤 귀가한다.

"앞으로 나는 여든여덟 살까지 살 거요, 왜냐? 내가 8이라는 숫자를 좋아하거든. 오는 88년도엔 '이세상은 왜?'라는 사회 참여 시집을 낼 거요. 나는 하루에 돈이 만 원 정도만 있었으면 좋겠어. 아무리 써도, 아무리 써도 하루에 그 돈은 다 못 쓰니까, 그 얼마나 여유가 있고 좋을까?"

호주머니 속에 두 손을 푹 찌른 채 고개를 빳빳이 쳐들고, 오른쪽으로 비스듬히 몸을 기울인 채, 곧 쓰러질 듯이 쓰러질 듯이 기우뚱거리며 서울의 봄 거리를 걸어가는 천상병. 낡은 회색 양복, 숱이 별로 없는 희끗한 머리, 툭 튀어나온 거무튀튀한 이마, 탁배기 깨어지는 듯한 괄괄한 목소리, 웃을 때마다 반쯤 입을 벌려 히죽이 바보처럼 웃는 그. 그는 지금 어디로 가고 있는가. "나 갈란다, 나 갈란다" 하며, 누구에게라고 할 것 없이 거수 경례를 척 붙이는 그는, 그의 말대로 천상병―'천가지 상서로운 불꽃'인가.

그를 만날 때마다 "이 오니(천상병의 별명, 일본어로 귀(鬼)의 뜻)야,

니 아직도 살아있나? 너는 불사신이다" 하고 이형기 씨가 말하듯이, 그는 병든 현대를 사는 우리들에게 희망을 주는 진실된 시인으로 영원히 살아 있을 것이다. 왜냐하면 그는 일찍이 그의 시 「소릉조(小陵調)」에서 '저승 가는데도 여비가 든다면, 나는 영영 가지도 못한다'고 말한 바 있으므로.

   1985년 『가정조선』 5월(창간호) 「이렇게 산다오」 중에서

그리운 얼굴

김영태(시인/무용 평론가)

거칠은 세상을 살아오면서 문단에서 선배들과 함께했다.
「문단의 선후배」시에 나오는 선배들과 나와의 인연은 돈독했다. 인간으로, 작품으로 나의 귀감이 되었기 때문이다.「문단의 선후배」시 전문을 인용한다.

　　모리스 라벨 缺講(한쪽 구석에서 金宗三이 소주 마시고 있음) 레바논 골짜기 시인학교 가교사 모습 그립다
　　朴龍來 방, 빈대 피 묻은 벽에 최종태 스케치 한 점 걸려 있음 산파였던 아내 애 받으러 감, 괴괴한 충청도 대낮 할 일 없는 그와 나 머리 맞대고…
　　임강빈 둑길 걸으며 바람을 마시고 있음
　　엉성한 鷄舍 있는 마포 종점 구수동 암탉이 방금 알을 낳음 개다리 소반 위에 영어 사전 백양 담배 퍽퍽 피우며 金洙暎 신구문화사 일감 번역 중 방금 시 '孔子의 생활난' 끝내고 광화문에서 맘마젤정 아무개와 위스키 마시기로 약속(이병주와 한잔 걸치는 건 그 후에)

金冠植 자하문 밖 토굴에서 막 깨어나 천하를 호령함(金東里君이 광교에서 강연한다는데 가서 깽판칠까 심사숙고 중) 용산 국회의원 선거 입후보 기호 4번 '대한민국 김관식' 명함에 적혀있음

을지로 빌딩 16층으로 천상병 들어감 숙취가 깨지 않은 듯 책상앞 좀생이에게 거수경례 "각하 2백자 원고지 얻으러 왔는데 몇 권 주라"

대구 동성로 길 양편의 찻집들 김춘수와 신동집 진영, 후배들 서로 오불관언 들락날락함 남산 팔공산이 훤한데

서대문 골목 깊숙이 세상을 외면하고 전봉건 현대시학사 단칸 방 의자에서 왼손으로 '저고리/하이얀/가슴에/나부낀 장밋빛 고름' 노래 읊음 고전 음악실 르네상스 플레이어였던 음악실력 다 접은 채

1960년대 그렇게 지나가고 요즘 문단의 후배들 버르장머리가

1950-60년대 문단 선후배 관계에서 서로 주고 받는 마음 하나만은 훈훈했다. 천상병 형이 우리 곁에 모습을 드러내지 않았을 때, 1971년 출판사 우문사를 경영하던 성춘복의 주선으로 『새』라는 시집이 나왔을 때 김구용이 제자를, 나는 얼굴과 새를 그렸다. 시집이 나오고 나서 천상병 형은 나의 동창생이 내과 과장으로 있던 시립병원에 건재해 있었다.

그동안 예술가의 얼굴을 9백여 명 그렸는데(소묘집을 여덟 권 출간했다) 그 중에서 다섯 개를 추리라면 천상병의 얼굴도 그 안에 포함된다.

어느 잡지에서 본 일본 사진작가가 찍은 천상병 얼굴 흑백사진만한 걸작을 나는 발견하지 못했다. 그동안 시인 천상병의 일생이 연극(소

천상병 시인, 김영태 소묘

설가 김청조 희곡, 「소풍」이 2005년 서울 연극제에서 연기상을 수상했다. 천상병 역에 정규수) 등으로 공연된 것도 알고 있다. 또한 초이스 아트 기획 춤 무대(LG 아트센터)에서 포에마 발레단이 「무몽, 귀천」을 안무 했다.

창작 발레였는데 문영철이 천상병 역으로 출연했다.

천상병 형과 하루 걸러 만나던 해가 1970년 무렵이다. 나는 그때 삼일빌딩(외환은행)에서 근무했고, 부근에 박재삼 형이 바둑 관전기를 신문에 연재하던 유전다방에 출근할 때였다. 우문사도, 박목월 선생이 주관하던 「심상」사도 있었다. 이런 에피소드도 있었다.

유전다방 마담이 나에게 전화했다. 찻집에 와달라고 해서 이유를 물어보았다.

"지금 찻집에 천상병과 손님 세 분이 앉아 계신데 향수 냄새가 진동한다."

앉아있는 세 손님이 향수를 뿌리고 다니는 신사는 아닌 것 같은데, 아무튼 온통 향수냄새가 진동한다는 것. 유전다방에 가서 천상병 형을 만났다.

말할 때마다 향수냄새가……. 자초지종은 이러했다.

그 당시 천상병 형이 소설가 한무숙 선생 댁에 임시 기거했는데 한밤중에 조갈을 못 견뎌 어둠 속에서 미니 양주병인 줄 알고 마신 게 바로 샤넬 파이브 향수병이었다. 그러니 유전다방에 향수 냄새가 진동할 수밖에.

천상병 형 생전의 일화에서 이 '향수 사건'도 빼놓을 수 없다. 추억의 한 페이지랄까.

문용철 안무 〈무몽, 귀천〉, 2005년 LG아트센타

천상병 형이 왜 나같은 후배 맹문이에게 '각하'라고 불렀는지(더구나 각하는 군대 용어가 아닌가?) 아직도 그 의문은 풀리지 않는다. 그렇다고 그는 존칭은 쓰지 않았다.

"뭣뭣 좀 주라!"

그렇게 호령했다.

그 찌그러진 얼굴을 보면서 다시 그가 그립다.

모델료 받아 노잣돈 하겠다던 천상병 선생님

조문호(사진가)

천상병 시인은 시인이기 전에 훌륭한 사진 모델이었다. 아니 모델이라기보다 연기자로서의 재능을 타고 났다. 대개 카메라를 들이대면 표정이 굳거나 몸짓이 어색해지는데 천 선생님은 달랐다. 전문 모델들도 긴장을 풀기 위해 환담을 나누는 시간이 필요하지만, 천 선생님은 어수룩한 듯 보이지만 카메라 앞에서 항상 당당하며 자유로웠다.

자연스러운 사진을 찍기 위해 웃기기도 하고 변화로운 몸짓도 연출해 보지만 마음대로 되지 않는 것이 초상사진이다. 그런데 천 선생님은 마치 사진 찍는 나의 마음을 읽고 있는 듯 천연덕스러운 표정과 동작으로 놀라게 했다.

포토제닉한 천 선생님의 모습 자체가 강한 개성을 지니고 있기도 하지만 자신의 내면세계를 드러내 보인다는 것이 그리 쉬운 일은 아니다.

그동안 숱한 초상사진을 찍어 왔지만 천 선생님보다 좋은 모델은 한 번도 만난 적이 없다. 순간적인 기지로 연출하는 그만의 여유는 어떤 연기자도 따를 수 없는 경지에 있었다.

그리고 전문 모델답게 적은 돈이지만 모델료도 챙기신다.

부산에서 사진에 미쳐 야반도주 하듯 서울로 올라 온 지가 80년도 초여름이었으니 25년 전의 일이다.

서울 살이가 막막했으나 마침 『월간 사진』 편집장으로 가게 되었다. 가난한 잡지사 박봉으로 살기가 만만치 않았으나 사진과 관련된 일이라 지낼 수 있었다. 퇴근길엔 인사동에 있는 '실비대학'(《실비집》이란 주점이지만 모두들 실비대학으로 불렀다)에 들러 가까운 지인들과 어울려 대포 한 잔 하는 것이 유일한 낙이었다. 그 때는 예총회관이 인사동 초입, 지금의 포도대장 터에 자리하고 있었다.

어느 날 사진 자료 찾는 일로 사진협회에 잠시 들렀는데, 뜻밖에도 천상병 선생님이 문을 열고 나타나신 것이다.

"어! 육명심 씨는 어디 있노? 육명심 씨는 어디 있노?"를 되뇌이시며 마치 돈 떼어먹고 달아난 사람 찾듯 목청을 높이셨다.

"그런데 육명심 씨는 왜 찾으시냐"고 여쭈었더니 대뜸 "모델료를 받아야 한다"는 것이다.

『천상병은 천상 시인이다』 시집에 실린 「사진이라니」라는 시에 적혔듯이 사진가 육명심 씨가 천 선생님을 모델로 입상사진을 찍었는데, 그 사진이 일본 사진잡지에 게재되었다는 것이다.

요즘 같았으면 모델료를 요구해도 그러려니 하겠지만 그 당시만 해도 전문 모델이 아니고는 생각도 못했으니 당사자도 아닌 사무국 직원들이 어리둥절할 수밖에 없다.

모델료는 얼마나 받아야 되냐고 여쭈어 봤더니 "만원은 받아야 된다. 만원은 받아야 된다."를 반복하셨다.

그 때부터 만원이 천 선생님의 모델료로 정해진 것이다.

당시 천 선생님의 세금 징수는 모두들 당연시 여겼으나 모델료는 좀 생뚱맞게 들렸다. 더구나 막걸리 값에서 노잣돈으로 단위도 격상되었는데, 돈이 없어 더 난감했다.

하여튼 초상권이니 저작권이니 하는 권리 주장이 당연시된 지금 되돌아보면 천 선생님은 매사에 앞서가고 있다.

문인협회 사무국장으로 계시던 오화경 씨가 찾아와 모셔갔지만 노잣돈 하겠다던 천 선생님의 말씀이 영 잊혀지지 않는다.

고향 가는 여비인지, 저승 가는 여비인지는 모르겠으나 그 때 노잣돈 못 챙겨 드린 것이 회한으로 남는다.

전설의 고향

주재환(화가)

담배꽁초를 비벼 끄면서 생각나는 건 얼마 전에 담배값을 올린다는 정부발표가 있자 다수 문인들이 창작생활에 지장이 있다고 반발했던 일이 기억난다. 잘 나가는 문인들이야 별거 아니겠지만 저소득 문인들의 호주머니 속은 찬 바람 잘 날이 없을 터이니 이 분들의 정신건강을 위해 고소득 문인들은 담배기금을 마련하여 공짜로 담배공급하는 동지애를 발휘하면 좋은 문학 생산에 기여하게 될 것이다. 이런 공상 아닌 공상을 하면서 25년 전의 얘기로 돌아가 본다.

우리 일행은 천상병 선배를 모시고 전철편으로 경기도 역곡 변두리에 자리한 음악휴게실 〈티롤〉을 찾아갔다. 주인 김수길 형이 개업했기에 인사차로 몇몇 동료가 어울린 것이다. 그곳에서 이런저런 말들을 주고 받으며 마시고 있는데, 이상한 것은 서울에서 이곳에 당도할 때까지, 술자리에도, 서울로 되돌아가는 길에서도 천 선배의 한쪽 손은 바지주머니 속에 깊이 들어가 있었고, 한 번도 밖으로 나오지 않았던 것이다. 궁금증을 참다못해 "손을 다치셨나요, 아니면 무슨 특별한 까닭이……" 하는 물음에 뭐라 묘사하기 어려운 특유의 몸짓과 음성으로 돈 봉투, 오늘 출판사에서 받은 시집의 인세라고 하셨다.

예나 지금이나 시집의 인세라야 몇 푼이나 되겠는가. 그 쥐꼬리를 무슨 희귀한 보물인양 손바닥에 쥐가 나도록 꼭 움켜잡고 있었던 시인의 참담한 모습을 상상해 보시라. '가난이 내 직업'이고 '저승 가는 데도 여비가 든다면 나는 영영 가지 못하나'라고 자탄한 시인의 아픔은 비단 어제의 일만이 아니다. 담배값이 몇 백원 오른다고 항변했던 문인들의 속사정도 편차는 있겠지만 천 선배의 경우에 못지않을 것이다. 어찌 문인들뿐이랴. 우리 예술계 전반에 걸쳐 꿈을 먹고 사는 사람들 다수가 빈곤의 늪에서 헤어나지 못하고 있으니, 이들의 생계 보조를 위한 복지재단의 출현이 시급히 요청된다.

그날 천 선배는 시집 「주막에서」를 자필 서명하여 우리에게 나누어 주셨다. 이번에 천 선배에 관한 원고청탁을 받고 생각해 보니 오래 전에 이 시집을 친지에게 읽어보라고 빌려준 것 같다. 며칠 전에 다시 구입하여 살펴보니 표지와 체제가 새롭게 단장되었고, 지금까지 28판이나 찍었음을 알게 되었다. 메말라가는 세태 속에서도 한 줄기 맑은 물이 막히지 않고 흐르고 있다는 사실에 놀라움을 금할 수 없다. 그리고 천 선배께서 살아계셨으면 아직도 예전처럼 인세를 호주머니 속에 깊이 간직했을까 하는 실없는 생각을 해보기도 한다.

1987년에 인사동의 그림마당 민에서 민족미술협의회 주최로 〈천상병 시화전〉을 연 적이 있다. 다수 화가들이 출품하여 성황을 이룬 전시로 기억된다. 나는 천 선배가 주신 시집에서 「새」 전문과 총알자국으로 벌집이 난 자동차 사진을 조합한 작품을 선보였다. 이 작품은 천 선배의 절창 '죄 없는 자의 피는 씻을 수 없다'가 가리키는 생명 존중의 메시지를 전하려고 한 것이다.

1980년을 전후한 시기에 나는 이곳저곳에서 밥벌이하고 있었는데, 개성이 각기 다른 무수한 사람들과 교유하게 되었고, 그들 중에서 돌출된 개성을 지닌 선배, 동료, 후배들이 적지 않았다. 기억나는 기인열전급의 선배로는 하이자이가이 영화감독 하재기, 마피아 두목 같은 천승세, 걸출한 한량 이상태, 불교사상가 김인봉, 조선의 주먹 방배추, 대륙의 술꾼 김태선 그리고 무림계의 지존 천상병 시인 등이다.

나는 이 분들 개개인을 한데 묶어 무림천왕이라고 이름지었다. 무림천왕의 공통된 특징은 한두 분을 제외하고는 학력이 어수선하고, 영어를 할 줄 모르고, 기독교 신자가 아니라는 점이다. 그러니까 남한 사회에서 출세와 영달을 보장받는 자격조건에서 탈락한 분들이니 호주머니 속이 늘 비어 있을 수밖에. 그러나 '끼' 하나는 일기당천의 기세이니 천왕 자격이 충분하다 할 것이다. 따분했던 무채색 시절에 이 분들이 연출한 원색의 장면들이 비록 찻잔 속의 태풍일지라도 내게는 전설의 고향으로 각인되어 있기에 그때 그 일화들을 떠올리면 요즘도 실성한 놈처럼 혼자서 웃기도 한다.

이 글의 주제가 천상병 시인으로 제한되어 있기에 잊을 수 없는 얘기 한마디만 더 하겠다. 어느 날 사무실에서 천 선배와 가까운 몇 분이 환담을 나누고 있었는데, 갑자기 천 선배께서 안절부절하면서 큰 소리로 "큰일 났다, 큰일 났다" 하니 무슨 일인가 하고 주위에 긴장감이 감돌았다. 그 까닭은 내일 단골술집이 이사 가므로 오늘 외상값을 꼭 갚아야 하는데 돈이 없어서 큰일 났다는 것이다. 좌중에서 그래 얼마나 되느냐고 물었더니 1천원!

으하하하! 그렇게 통쾌하게 웃어본 적은 그 이전에도 그 이후에도
없었던 것이다.

지존이시여,
여기는 주막 전설의 고향입니다.
마음 편안히 외상술 많이 드십시오.
'몽롱하다는 것은 장엄' 합니다.

무주총(無主塚)에 대하여
–천상병 시인의 13주기 회고에 부쳐

김신용(시인)

저기, 황야의 건맨이 걸어온다.

비루 먹은 당나귀 같은 취기를 타고 비칠비칠 걸어온다. 그가 당나귀를 타고 오는 것인지 당나귀가 그를 타고 오는 것인지 영 분간이 안 된다.

살아서 이미 무주총을 세운 사람(첫 시집 『새』는 그가 타계한 줄 알고 펴낸 유고 시집이다), 온갖 기행과 일화들로 살아서 이미 전설이 되어 버린 사람. 주인 없는 무덤, 그 무주총을 옆구리에 차고, 괜찮다 괜찮다. 다 괜찮다! 하는 그 너털웃음을 삐딱하게 머리에 얹고, 저기, 황야의 산초 판챠가 걸어온다.

그가 비틀거리며 걸을 때마다 향수 냄새가 폴폴 나는 방귀 냄새를 풍긴다. 향수 냄새가 폴폴 나는, 그 유명한 일화의 방귀 냄새를 풍기며 돈 천원만! 하는 그 손을 내밀며, '골목에서 골목으로/ 거기 조그만 주막집/ 할머니 한 잔 더 주세요'(시「酒幕에서」중에서)하듯 황야의 건맨이 로시난테를 타고 서부의 외딴마을, 인사동을 걸어온다.

그가 걸어올 때마다 휘이이이잉 하는, 그 유명한 '황야의 무법자'의

휘파람곡의 영화음악이 배경음으로 깔린다. 그 배경 음악을 깔고, 마치 세상을 향한 조소같은 담배 꽁초 시거를 질겅질겅 씹으며 악당을 찾아, '저녁 어스름은 가난한 詩人의 보람인 것을……' (시「酒幕에서」중에서) 하는, 그 흐리멍텅한 눈을 번뜩인다. 머리 위에 삐딱하게 얹은 모자챙 밑으로 세상을 안 보는 척 쏘아보며, 그가 결투를 벌여야 할 악당을 찾아 눈을 빛낸다.

그러면 악당은 누구냐?

돈키호테의 풍차 공주 같은 목 여사를 훔쳐간 악당이냐? 아니면, '몽롱한 것은 장엄하다'며 '할머니 한 잔 더 주세요'(시『주막에서 중에서) 하는데도 한 잔 더 주지 않는 미운 주모냐?

아니다. 우리 '황야의 무법자'의 악당은 그런 류가 아니다.

그렇다. 그 악당은 벽이다.

눈물 한 방울 스며들 틈이 없는, 세계의 벽이다.

현상 붙은 악당, 그 악당은 '산 너머/ 쓸쓸한 성황당 꼭대기,/ 그 꼭대기에서/ 함박눈을 맞으며/즐겁게 놀고 있는 아기들을' (시「酒幕에서」중에서) 납치해 간 납치범들이다.

그 '벽'이라는 이름의 현상 붙은 악당, 그 악당을 찾아 비루 먹은 당나귀를 돈키호테의 하인 산초 판챠처럼 타고, 무주총을 옆구리에 차고, 우리 황야의 무법자께서 나타나신 것이다. 향수 냄새가 나는 방귀 냄새를 풍기며, 세상을 비웃는 듯한 조소의 꽁초 시거를 질겅질겅 씹으며—.

그리고 저기, 악당이 나타났다.

이마에 현상금 포스터가 붙은 악당, 벽이라는 이름의 악당—. 그가 나타났다.

 우리의 황야의 건맨, 그 악당 앞에 마치 노상 방뇨를 하듯 비틀거리며 버티고 선다.

 그리고 재재바르게 허리에 찬 무주총을 뽑는다. 그리고 타앙—, 하는 총소리와 함께, 그 무주총은 불을 뿜는다.

 불을 뿜는 총성—. 우리 황야의 건맨의 총구에는 들국화 꽃이 피어 있다.

 그 들국화 꽃의 총탄을 맞은 악당은 슬로우 모션으로 천천히 쓰러진다. '나와 네 외로운 마음이,/지금처럼/ 순하게 겹쳐진 이 순간'(시 「들국화」중에서)' 처럼 쓰러진다.

 그리고 우리의 황야의 건맨, 들국화꽃이 핀 총구의 흰 연기를 입으로 훅 불고는, 무주총을 옆구리에 찔러넣고는, 천천히 롱 샷으로, 취기의 당나귀를 타고 인사동 거리를 비틀비틀 사라진다. 휘이이이잉 하는 그 휘파람곡을 배경으로 깔고—. 여전히 시거를 질겅질겅 씹으며—.

 위의 글은 천상병 시인에 대한 이미지를 희화화해 본 내 상상이다.

 사실 나는 천상병 시인에 대해 아는 것이 별로 없다. 그 분의 숱한 기행과 일화들은 내가 그분을 만나기 이전에 이미 만들어진 것들이었다. 물론 나는 돈 천 원만! 하는 레퍼토리의 단골 고객도 아니었고, 그 분의 딱 한잔만의 술벗 또한 더더구나 못되었다. 어쩌다 그분의 부인께서 운영하는 인사동의 조그만 찻집〈귀천〉에 들르면, 한 쪽 구석에 앉아서 괜찮다 괜찮다 하며 웃고 있던 그 분에게 가볍게 인사를 하는 정도의 사이일 뿐이었다.

  그러니까 나는 그 분의 만년의 모습을 오다가다 몇 번 마주쳤을 뿐이었다.

  그리고 며칠 전, 이미 고인이 된 천상병 시인에 대한 회고의 글을 써달라는 출판사의 청탁을 선뜻 응락해 놓고는 곰곰이 생각해 보니, 그 분의 인간적인 면모에 대해 내가 알고 있는 것이 너무 없다는 생각에 곤혹스러웠다.

  사실 지금도 그분의 만년의 모습에 대한 기억 또한 몇 가지로 요약될 만큼 빈약하다.

  찻집의 탁자 앞에 앉아 정확히 30초에 한 번쯤 손목시계를 쳐다보던 모습, 마치 누군가를 기다리는 것처럼. 또는 누군가를 만나러 가야 할 약속이라도 있는 것처럼. 그리고 다리를 약하게 떨며 멍하니 침묵하고 있는 모습, 그렇게 말없이 허공을 응시하고 있다가 입가에 침이 흘러내리면 아내인 목 여사께서 마치 유치원생에게 그리하듯 손수건으로 입가의 침을 닦아주던 모습, 그리고 집으로 돌아가야 할 버스비와 딱 한 잔 값만 주머니에 넣어주던 모습. 그러면 마치 사탕 사먹을 돈을 얻은 어린아이처럼 좋아하던 모습―. 그런 것들뿐이었다.

  그러다가 한 신문사의 청탁에 의해 그분의 시집 「歸天」에 대한 서평을 쓰게 되면서 나는 그 분을 정식으로 만나게 되었다. 그 이후, 길거리에서 우연히 마주치면 반갑다는 인사를 하는 사이가 되었고, 또 몇 번은 예의 돈 천 원만! 하는 그분의 단골 고객도 되었었다. 그리고 얼마 지나지 않아 그동안 마셔온 딱 한 잔만!의 후유증으로 거동도 채 못하던 그분을 몇 번 일별한 정도였다. 그리고 다시 얼마 지나지 않아 그분의 사망 소식을 들었었다.

그리고 보면, 내 의식 속에 너무도 뚜렷이 각인된 그분에 대한 기억이 하나 있다.

그것은 울음이다. 장례식 날, 그분의 무덤가에서 본 울음이다. 그때, 나는 사람이 그렇게 울 수 있다는 것을 처음 보았었다. 그것도 가난한 한 시인의 무덤가에서, 막걸리가 밥이었던 시인, 평생 땀 흘려 돈 한 푼 벌어 본 적이 없다고 허허 웃던 그 시인의 초라한 무덤가에서, 자신의 피붙이도 아닌데도, 피와 살을 나눈 사이도 아닌데도 그렇게 울 수 있다는 것을 처음 보았었다. 그 울음은 마치 황우가 벽에 머리를 부딪고 있는 것 같았다. 뿔이 부러지고 머리의 살거죽이 벗겨져도 순한 눈망울을 껌뻑이며, 벽에 머리를 부딪는 것 같았다. 처음 그 울음을 보았을 때는 당혹스럽기까지 했다. 그리고 어리둥절해 지기까지 했다.

그러니까 그 울음은, 무수한 무덤들이 보잘 것 없이 웅크리고 있는 공동묘지의 그 무덤가에서 흙투성이가 되어 땅바닥을 뒹굴고 있었다. 무덤을 파는 포크레인의 기계적인 손을 거부하며, 차라리 자신의 맨손으로 무덤을 만들겠다는 듯, 차라리 흙투성이의 몸부림으로 산역(山役)을 하겠다는 듯, 꺽꺽 목 쉰 울음 소리를 내뱉으며 땅바닥을 뒹굴고 있었다.

'의식이 부러지고, 정신의 살거죽이 문드러져도, 다만 우직하게……' 그렇게 내뱉고 있는 그 울음은, 그 무덤 앞에 세워진 패목 하나도 장식이라는 듯, 그 어떤 묘비명도 모독이라는 듯, 그 무덤에 놓여지는 들꽃 한 송이도 허식이라는 듯, 흙투성이로 온통 땅바닥을 뒹굴고 있었다.

그랬다. '이 세상 소풍 끝내는 날, 나 하늘로 돌아가리라. 가서 아름다웠더라고 말하리라' 노래했던 한 시인의 무덤가에서, 그렇게 흙투성이로 뒹굴고 있는 울음을 본다는 것은, 이제 목이 잠겨 속울음마저 꺼내지 못하고 기진한 채…… 몸을 꿈틀거리고 있던, 『황구의 비명』을 쓴 노(老) 작가의 울음을 본다는 것은……, 그 울음의 되새김질을 본다는 것은…… 불가사의하게 느껴지기까지 했다.

그리고 지금, 그 울음의 뿌리은 내 명치끝에 박혀 있다. 내 명치끝에 박혀 오늘도 되새김질을 하고 있다. 절대 순수를 향한 그 울음의 뿌리—, 천상병 시인의 어린아이와 같은 그 순수함을 잊지 말라는 듯이—, 그 천진무구성을 결코 잊어서는 안 된다는 듯이—.

나는 지금도 그 무덤에 바쳐지던 어떤 조사(弔辭)보다도, 그 어떤 조시(弔詩)보다도 가슴 뭉클하게 기억하고 있다. 그래서 언젠가 내 시에서 이렇게 쓴 적이 있다.

　　울음에는
　　뿌리가 있어야 한다
　　명치 끝을 쿡 찌르고 들어와, 막힌 벽을 뚫고
　　바위의 땅을 경작하는, 쟁기 같은
　　뿌리가 있어야 한다.

　　의식이 부러지고
　　정신의 살거죽이 문드러져도, 다만 우직하게……

되새김질의
그 한없는 반추처럼 돋아나는
뿔이—.
　　　　　　拙詩 「누가 우주를 노래하라 하는가?」 (후반부)

그리고 지금 이 자리에 앞에서 말한 서평을 다시 적는 것으로서 선생님의 타계에 대한 예의를 갖추고자 한다.

뱃 속을 달래기 전에는 영혼을 진정시킬 수가 없어……
　　　　　　　　　　　잭 런던의 「강철 군화에서」

천상병 시인의 영롱한 시편들만 추려 모은 자그맣고 예쁜 장정의 시집 「귀천(歸天)」(살림 刊)을 펼쳐들면서 나는 어찌하여 이 사회주의 작가의 소설에 나오는 한 구절을 떠올리게 되었을까?

내가 천상병 시인을 처음 만난 것은 이십여 년 전, 남대문 시장 뒷골목에 있는 짬뽕집에서였다. 입고 왔던 속옷을 벗어주어도 막걸리 한잔에 막소주 한잔을 섞어 백 원인 짬뽕 술값을 만들 수 있었던 그 고물 헌옷 가게가 있던 골목, 그 골목에 있는 짬뽕집의 목로에 서서 손가락으로 소금을 찍으며 막걸리를 마시고 있는 한 걸인풍의 사내를 보았다. 시인 천상병이었다. 반가움이 밀려왔지만 한 짐이라도 더 지기 위해 나는 지게를 등에 얹고 뒤돌아서고 말았다. 나는 그때, 지게꾼이었다.

그리고 귀천—.

대학로에서 보도블록을 깔다가 노상전시회를 열고 있던 화가 이존수를 따라 무심코 찾아든 곳, 여남은 명이 겨우 앉을 수 있는 이 작은 찻집에 그는 앉아 있었다. 술 때문에 더 허물어진 모습으로 그는 괜찮다, 괜찮다를 연신 되뇌이고 있었다. 그리고 곁에 앉은 내게 술에 얽힌 일화 한 토막을 들려주었다.

너무 술이 고파, 터부살이를 하던 주인집의 안방문을 살금 열고 경대 위에 놓인 양주병을 훔쳐 냉큼 마셔버렸는데 취기 대신 구토가 밀려왔다고 했다. 그것은 양주병이 아니고 향수병이었기 때문이었다. 그리고 한달 내내 방귀만 뀌면 향수 냄새가 폴폴 나더라는 그 너털웃음을 보는 순간, 나는 온몸에 소름이 돋고 있었다. 어쩌면 술 한잔마저 훔쳐 마셔야만 했던 생의 뒤안길에서 저렇게 사람 마음을 넉넉히 열어주는 해학이 숨겨져 있을 수 있을까?

나는 그만 그가 두려워보이기까지 했다. 그리고 이 시대의 급박한 현실과는 전혀 상관이 없는 듯한 그의 시편들을 이 해학의 반어법으로 이해해 보려고 애썼다.

'나 하늘로 돌아가리라. 새벽빛 와 닿으면 스러지는' 영혼을 진정시키기 위해 밥보다는 술로 뱃속을 달래던 시인.

그러나 저 하늘에 가서도 이 세상이 결코 아름다웠다고 말할 수 없었던 나는 만나는 사람마다 천 원만 달라고 손을 내미는 그를 바라보며 묘한 이물감을 씹곤 했다. 돈 천 원을 벌기 위해 지게꾼은 얼마만큼의 땀을 흘려야 하는가. 걸인도 아닌 저 무위도식의 빈 손바닥을 내민 천진무구한 웃음을 도대체 어떻게 이해해야만 하는가! 아무리 그 해학의 반어법을 따라가도 '몽롱한 것은 장엄하다' 고 부르짖는 그 철

면피(?)한 무위도식 앞에 내 뼈아픈 노동은 할 말을 잊곤 했다. 이 시집을 읽는 내내 이 곤혹스러운 감정에 빠져 허우적이다 문득 지푸라기 하나를 발견했다.

　　―도끼가 내 목을 찍은 그 훨씬 이전에 내 안에서 죽어간 즐거운 아기를……(장 주네)

시 「酒幕에서」의 부제로 붙은 이 글귀 하나를 붙드는 순간, 나는 몽롱의 수심 위로 떠올랐다. 혼탁한 이 시대의 정수리를 향해 내리꽂히는 순수를 향한 절대 불가항력의 이 꿈―.

그랬다. 술의 세계 속에 펼쳐진 천진성과 치매어린 행동은 평화와 인간의 가치를 상실한 시대와 삶의 질곡 속에서 인간의 진정성을 찾기 위한 도끼질이었다는 것을―. 우리는 그의 전 시편을 관통하고 있는 그 도끼날 밑에 목만 내밀면 되는 것을―.

　　가을은
　　다시 올 테지.

　　다시 올까?
　　나와 네 외로운 마음이.
　　지금처럼
　　순하게 겹친 이 순간이―

　　　　　　　　　　　　　　　　　「들국화」 후반부

상식적인 눈으로 보면 폐인인 시인 천상병. 노동하는 사람의 눈으로 보면 룸펜 프롤레타리아트 축에도 못 끼는 완전무결한 떠돌이 부랑인. 사회 과학적인 해부도를 들이대면 균처럼 떠오를 사내.

그러면 어떤 눈으로 바라보아야 그의 진정한 모습을 바라볼 수 있을까? 시 「酒幕에서」처럼 '즐거운 아기들'이 되면 보일까? 그러나 나는 쉽게 단언하지 못한다. 그러나 이 한 가지만은 확언할 수 있다.

술에 젖어 비틀거리며 이순(耳順)의 나이를 지나 온 지금까지 그의 가슴속은 무수한 고뇌의 곡괭이질로 파헤쳐져 있을 것임을…….

보이지 않는 뜨거운 노동의 땀을 내면으로 신열처럼 앓고 있었을 것임을…….

천상병, 그에게서 느끼는 불가해한 부끄러움

김청조(희곡작가)

1992년 추운 겨울밤이었다. 안국동 버스정류장 앞에서 한 남자를 보았다. 그는 비틀거렸고, 행동거지가 여느 사람과 달랐다. 밤인데도 첫눈에 그의 존재 그 자체가 참으로 위태함을 알아볼 수 있을 정도였다. 남자는 방금 들어오는 수락산 행 버스 앞으로 위험하게 마구 달려들었다. 버스기사는 남자를 보았고, 정류장에 서려다가 차체를 틀어 그대로 달아났다. 다음 버스가 왔을 때도 남자는 버스로 달려들었다. 그는 있는 힘을 다해 버스의 몸통을 두드렸다. 다음 버스도 달아나 버렸다.

버스를 기다리는 동안 발이 몹시 시렸다. 다음다음 버스가 왔을 때 그 때 나는 남자보다 먼저 달려가 버스의 몸통을 힘껏 두드렸다. 나는 버스의 문이 열릴 때까지 두드렸다.

다행히 버스의 앞문이 열렸고, 나는 남자가 몹시 비틀거리며 버스에 오르는 모습을 지켜보았다. 나는 버스 기사에게 외쳤다.

"아주 중요한 분이니 잘 모셔야 해요!"

누구의 눈에라도 남자는 술에 취한 노숙자로 오해할 소지가 충분했다. 버스 기사는 남자에게 한번 눈길을 주었다. 그리고는 곧 문이 닫히고 초라한 한 남자를 싣고 버스는 떠났다.

"아아, 이럴 수는 없다! 어떻게 이런 사람이 될 수 있는가!"

나는 무엇보다 한 남자가 어떻게 그토록 황폐한 모습을 가지게 되었나 하는 생각에 사로잡혔다. 의아함보다는 그의 모습 그 자체로 보여주고 있는 그의 삶, 그의 실체…… 나는 말할 수 없는 충격을 느꼈다. 나는 마냥 울어버리고 싶은 기분으로 멍하니 제자리에 서서 있었다. 무엇을 더 생각하려고 했던 것도 아니었다. 그 때 무엇인가가 가슴에 소용돌이 쳤다. 앞뒤 없이 떠오르는 생각들이었다.

"이 사람이야말로 내 친구였으면 좋겠다! ……언젠가 이 사람을 글로 써야지!"

나는 문득 글을 쓰고 싶어졌다. 그 어떤 장르에 속하는 글이 아니라 어느 순간 문득 일기를 쓰고 싶은 때처럼 가슴에 그 어떤 충격이 차오르는 것을…… 이것에 자각하고, 나는 그동안 이러한 충격 없이 글을 쓰고 있었던 사실에 얼굴이 뜨거워졌다. 한 시인을 만나 새로이 전율에 꼼짝 못하고 서 있던 그 시간에…….

그날 밤 이 남자를 만난 충격은 이 사람의 이야기를 써야지, 하는 결의가 되었다. 곧이어 그저 그를 그렇게 버스에 타게 한 것이 옳은 일인지 하는 생각, 그리고 그가 집에 잘 도착할 수 있는지 하는 염려가 내 마음을 흔들었다. 집으로 돌아오면서 나는 20년 전의 일을 떠올렸다.

1971년 겨울인가, 어느 날 아침 신문을 펼쳤을 때 행방불명된 시인 천상병을 추모하며 친구 시인들이 유고시집을 발간한다는 기사가 났다. 유고시집 발간이란 죽은 사람의 시집을 발간하는 것이기에 따라서 천상병 시인이 죽었다는 뜻이었다. 그 시인 친구들의 우정이 예사롭지 않게 여겨지면서 시집의 제목 『새』가 가슴에 와 닿았다. 그리고 어느 날 출판사에서 일하는 남편(소설가 양문길)이 붉은 색 장정에 잘 만든 그 시집을 집으로 가져왔다.

젊은 날에 내가 읽은 그의 시는 크게 나를 흔들거나 했던 것은 아니었다. 그의 시보다는 그의 실종이 더 크게 상상 장면으로 자리 잡았을 때니까.

그 얼마 후 그는 살아났고, 나는 이따금 거리에서 그를 보았다. 그가 지나갈 때 그를 알아보는 사람들이 수근거렸다.

"저 사람이 천상병이야, 거 왜 막걸리 값 500원만 내놔, 하는 사람 말야!"

시인의 시보다 일화에 더 재미있어 하는 이 사실에 나는 몸을 움츠리곤 했다. 그리고 누군가의 전시회에서 병자같은 모습인 그에게 인사드린 적이 있었고, 또 몇 번인가 거리에서도 마주쳤다. 그럴 때마다 내가 느끼는 것은 웬지 그를 맘 놓고 바라볼 수 없게 한다는 것이었다. 내 마음은 뭔가에 놀라고, 또 그러면서도 늘 편치 않았다. 그렇게 20년을 넘게 보아온 천상병 시인을 나는 그날 처음으로 혼자서 안국동 거리에서 마주쳤던 것이다. 그리고 비로소 친구 같은 느낌으로, 소중함을 느끼게 되는 사람으로 만났던 것이다.

그에게는 차라리 눈을 감아야할 만큼 마주 볼 수 없는 그 무엇이 있었다. 무어라 말하기 힘든 세인과 담을 사이에 둔 것 같은 그의 모습과 표정이 그러했다. 웬일인지 그는 자꾸만 나를 돌아보게 했고 자꾸만 나를 부끄럽게 했다. 어느 누구에게도 느끼지 못했던 것, 불가해한 것들…….

그날 밤 이후, 나는 단 한번 남자의 아내가 하는 카페 〈귀천〉에 갔다. 왜 갔는지 명확한 이유는 없었다. 어쨌든 그를 볼 때마다 나는 나를 보게 되었다. 나를 정면으로 보게 하는 틀림없는 그 무엇이 그에겐 있었다. 그래, 나를 돌아보자, 내 자신을 돌아보고, 나를 부끄럽게 여기게 하는 그 점이 무엇인지…… 그는 왜 나를 부끄럽게 여기게 하는지 생각해 보자!

2004년 여름, 나는 그를 두고 연극 대본을 쓰기로 했다. 아들이 내게 자극을 주었다.

어머니는 같은 시대를 천상병 시인과 살았으니 분명 잘 쓸 수 있을 것이라고. 나는 천상병의 시집과 산문을 꼼꼼히 읽었다. 천상병 시인의 젊은 날의 시와 병든 후의 생활 시는 내게 감동을 주었다. 무엇보다 생동감과 솔직함이 있었다. 나는 기쁘게 시놉시스를 썼다.

얼마 후 공교롭게도 아들에게 의정부 예술의 전당 구자홍 관장에게서 천상병 시인을 무대에 올리자는 연극 공연 의뢰가 들어왔다. 극단 〈여행자〉의 상임연출인 아들 양정웅은 함께 작업을 해보자고 내게 제의를 했다. 천상병 시인의 시와 연극이 잘 만날 수 있는 공연으로써…… 나는 흔쾌히 승낙했다.

나는 관객 대상을 시를 잘 접하지 않는 젊은이들로 정했다. 천상병 시의 독특한 은유로 젊은이들에게 사유의 공간을 주고 싶었다.

9월부터 12월까지 4개월 동안 나는 시인의 시를 주된 모티브로 장면을 만들어나갔다. 극을 쓰는 내내 한 겨울 밤에 마주쳤던 시인과의 장면이 내게서 떠나지 않았다.

12월 중순에 음악극 〈소풍〉은 극단 〈여행자〉 단원들과 첫 연습이 시작되었다. 연출 양정웅은 처음부터 시에 음악을 입힌 음악극을 생각하고 있었다. 20대부터 고락을 함께 했던 형인 박환을 음악감독으로 결정했다. 슬프고도 아름다운 노래가 연극을 위해 미리 준비된 듯 쏟아져 나와 단원들의 탄성이 터졌다. 〈여행자〉 단원들은 천상병 시인을 무대에 연극으로 올리게 된 것을 참으로 기뻐했다.

단원들 중에 의외로 천상병 시인의 애독자가 많았다. 그 중에는 창작과 전공으로 20세 때부터 시인의 많은 시를 외웠던 배우도 있었다. 시들은 작곡가 박환의 클래식 팝으로 하나씩 노래가 되어 나왔고, 노래는 감동적이었다. 곧이어 무대 디자인이 나왔고 배우들은 본격적인 대사 연습과 노래 연습에 들어갔다. 하지만 대부분의 단원들은 내 희곡을 좋아하지 않았다. 낯설어 했고 의아해했다. 심지어 조명감독은 시인의 캐릭터에 대해 내게 정면으로 공격했다. 대체 주인공인 이 시인은 인생에서 무얼 했는가? 밥벌이는 다 남에게 맡기고, 어려운 일, 어려운 난관은 친구들이 다 해결해주었다. 여기에 무슨 갈등이 있고 무슨 괴로움이 있는가? 한 사람의 인생을 관통하는 그 무엇이 없지 않는가? 그러한 질문에 나 역시 난감한 입장이었다. 보통 사람과 너무나 다른 천상병 시인의 삶, 그의 일생에는 세인과 같은 갈등이 당연히 없어보였다. 실제인물을 그리는 데는 허구로 짜여진 드라마 트루기가 들어갈 자리가 없었다.

연극 〈소풍〉의 포스터

내가 할 말은 단 하나였다. 그의 시를 음미해 보라, 그의 시에는 분명 괴로움이 있고, 갈등이 있다. 그러기에 시 한 편으로 한 장면을 만드는 데엔 특별한 의미가 있다고.

연습이 무르익어 가면서 극단의 단원들은 점차 천상병 시인의 시에 빠져들게 되었다. 한사람의 일생 동안 현실적인 입신이나, 가족관계, 심지어는 건강까지도 돌아보지 않는 의외성…… 그렇게 전후좌우도 돌아보지 않고 오로지 시 쓰는 데에만 전력투구해온 천상병의 그 순교와 같은 자세는 단원들 모두에게 경악이었고 감동이었다. 지금 한창 젊은 나이에 세속적인 모든 것을 덮고 가난한 연극으로 살아가고 있는 자신들의 입장에서 천상병 시인의 시를 향한 앞으로의 돌진과 순직함은 우러러볼 수밖에 없는, 하나의 귀감으로 삼기에 충분했다.

또한 수많은 시인 속에 천상병처럼 순진무구한 사람이 없었다. 그리하여 천상병은 마주 볼 수 없는 부끄러움을 내게 주었던 것인가?

처음부터 나는 이 부끄러움을 사기 위해 희곡 〈소풍〉을 쓰기 시작했다. 그가 제아무리 천진한 돌진을 해나갔다 해도 사람이면 누구나 겪게 되는 생의 조락을 생각하며 나는 글을 쓰는 동안 세 번 울었다. 단원들은 연습이 막바지에 이르게 되면서 천상병 시의 진의를 자신의 것으로 받아들였다. 천상병 역의 주연 배우인 정규수 씨는 내 희곡의 정서에 흠뻑 젖기를 간절히 원했다. 고마운 일이었다.

개막을 앞두고 1월은 날씨가 몹시 추웠다. 길이 미끄러운 데다 구정설이 다가오는 세밑에 막이 오르니 걱정이 앞섰다. 서울 시내도 아닌 시외 의정부 극장에, 이 먼 거리에 누가 연극을 보러올까?

2005년 2월 4일, 의정부 예술의 전당에서 첫 막이 올랐다.

극장은 초만원이었다. 되돌아가는 사람들이 많았다. 심지어는 배우의 가족들도 되돌아갔다.

연극계의 원로, 주요 명사들이 속속 입장하였다. 공연도중 객석의 여기저기서 웃음소리가 터져 나왔다. 그런가 하면 훌쩍거리는 소리도 들렸다.

공연기간 4일 동안 만원사례였고 관객은 기립박수로 환호했다. 연극계에 이 소문이 퍼져나갔고 많은 연극인들이 예약을 원했지만 이미 입장권은 매진상태였다. 내심 놀라지 않을 수 없었다. 천상병 시인은 그의 사후, 젊은층에 점차 폭발적인 인기를 쌓아가고 있었던 것이다.

5월 중순에 〈서울 연극제〉에 〈소풍〉이 초청되었다. 첫날 공연인 문예회관 대극장 로비는 일대 혼잡을 이뤘다. 티켓링크의 전산기 고장으로 일부 예약관객들이 입장을 하지 못한 데다 새로이 밀려드는 관객으로 극장은 아수라장이었다. 연극공연으론 처음 보는 일이었다.

문예회관 대극장이 생긴 이래 연일 만원사례는 처음이라고 했다. 천상병 시인의 인기에 나는 날이 갈수록 놀라지 않을 수 없었다. 연극 〈소풍〉은 〈서울 연극제〉에서 작품상, 연기상, 희곡상을 거머쥐었다.

고려대학 100주년 기념공연을 하는 국립극장에서 어느 날 한 청년이 내게 다가왔다. 무대조명을 하는 사람이라 자신을 소개하며 명함을 주었다. 〈소풍〉 연극을 보는 동안 내내 울었다고 말했다. 그리고는 서울연극제의 기념품을 입은 자신의 티셔츠에 내 사인을 부탁했다.

"작가 선생님, 여기 싸인 좀 해주세요!"

청년이 내민 매직펜으로 나는 그의 등에다 사인을 해주었다.

2006년 1월 창작극 활성화 지원작으로 뽑혀 〈소풍〉이 앵콜 무대에 오르는 지금 〈여행자〉 단원들은 밤새워 연습하며 작년 공연 때의 감흥을 불러일으키고 있다. 재공연을 앞두고 시인을 마주쳤던 그 겨울 밤을 나는 다시금 돌아본다. 극 중에 시인이 거리에서 쓰러지는 장면이 여름이 아닌 겨울로 바뀐 것은 시인을 만나던 날 밤의 동기를 되살렸고, 또 수많은 실제 인물이 변형되고 한 것은 연극이 되려고 픽션이 되려고 한 시도였음을 감히 밝힌다. 나는 계속해 희곡에 추고를 할 것이다. 350편이 넘는 시를 통해, 시인의 생애를 통해, 내 스스로가 느꼈던 통열함을 관객에게 고스란히 전달할 수 있을 때 이 〈소풍〉은 추고가 끝날 것이다.

내가 아는 천상병 시인의 부인 목순옥 여사

최정자(시인)

　1970년대 말 몇 년 동안 우리들 여남은 명은 광화문 근처 청진동이나 혜화동 근처에서 매일 만났습니다. 우리들은 시인, 소설가, 사진기자, 화가, 그리고 갓 대학을 졸업한 학생들도 있었습니다. 우리는 아무 약속도 없이, 아무 규약도 없이, 나이도 직업도 성별도 구별없이 만났습니다. 누가 먼저고 누가 나중도 없이 만났습니다. 우리는 만나면 세상 이야기를 했고, 시를 읊었고 노래를 불렀습니다. 그런 우리들은 1980년대를 맞으면서 청진동과 혜화동을 버리고 인사동으로 자리를 옮겼습니다.
　인사동에는 천상병 시인의 시 「귀천」 이름을 딴 전통찻집 〈귀천〉이 생겼고, 주인은 천 시인의 부인이었기 때문입니다.
　우리들 중에는 시도 쓰고, 소설도 쓰는 조해인이라는 친구가 있었습니다. 자칭 '천상문학회' 회장인 이 친구가 〈귀천〉이 있는 "인사동으로 가자" 앞장을 선 것입니다.
　박재삼 시인이 살아계실 때 이런 이야기를 했습니다. 어떤 문인의 상갓집에 갔더니 문상객이 한 명도 없더랍니다. 한참 있으니까 한 명이 오는데 천상병 시인의 부인이더랍니다. 문인들은 물론 아는 이의 경조사에 천상병 시인의 부인 모습은 빠짐없이 보인답니다.

천상병 시인이 친구들에게 술값을 뜯어냈다면 그의 부인은 이렇게 갚고 있더라고 말하고 싶습니다.

당시 남편의 막걸리 값을 마련하기도 힘들 때였습니다. 이십 명도 못 들어 앉을 그 작은 찻집의 한 달 월세 내기도 힘들 때였습니다. 일수장부에 도장 찍기도 힘들 때였습니다.

인사동이 지금이야 '문화의 거리'라고 사람들이 북적대지만, 그 때는 주말과 명절 날이면 황량한 거리였습니다. 식당과 가게들은 문을 닫고 바람만 횡횡거리며 골목을 누비고 다녔습니다. 그런데 〈귀천〉은 문을 엽니다. 경비도 나오지 않는 날 왜 문을 여느냐고 물었습니다.

"갈 데 없는 사람들이 한 사람이라도 올까 봐 문을 연다"였습니다.

수시로 의정부 집에서 노모의 전화가 옵니다. 천 선생님이 인사동으로 나갔다 합니다. 저 같으면 집에 편안히 있으라고 막걸리까지 받아놓고 왔는데 왜 나오는지 모르겠다고 불평했을 것입니다. 그러나 목 여사님은 갑자기 자신의 몸을 두세 명으로 변신시킵니다. 가까운 낙원시장으로 달려가 와이셔츠를 사오고, 버스 정류장으로 남편을 마중하러 달려가고, 동동거리며 차를 팔고…….

진창에 넘어졌는지 흙투성이로 얼룩져 들어오는 천상병 시인에게 새 와이셔츠로 옷을 갈아입히고, 얼굴과 손과 발을 깨끗이 씻겨 드립니다.

너무도 여러 번 본 광경, 누가 저렇게 할 수 있을까?

저 같으면, 다른 여자들 같으면 벌써 포기했을 텐데. 다른 남자 같으면 열두 번도 더 버림받았을 텐데. 돈 못 번다고 버림받는 남자, 술 마신다고 버림받는 남자, 게으르다고 버림받는 남자, 말 안 듣는다고 버림받는 남자, 이런저런 버림받는 남자들도 많은 세상인데.

천상병 시인은 못 생긴 남자입니다. (죄송합니다.) 남자다운 터프가이가 아닙니다. (다시 죄송합니다.) 더더욱 남자구실도 못한다 합니다. (더더욱 죄송합니다.) 그런데도 어째서 그토록 부인의 사랑을 받았는지 모릅니다.

흔히 천상병 시인을 기인(奇人)이나 걸인(乞人)으로 알고 있습니다. 천상병 시인은 걸인이 아닙니다. 천상병 시인에게 천 원, 2천 원씩 주었다는 사람은 많지만, 돈을 주려다가 거절당했다는 사람은 한 사람도 없습니다. 다만 문단 이면사를 쓴 사람들의 글에서나 누가누가 거절당하더라 써 있을 뿐입니다.

천 시인은 거짓을 싫어했습니다. 약속을 어기는 것을 싫어했습니다. 남을 함정에 빠뜨리는 것을 싫어했습니다. 음해하는 것을 싫어했습니다.

오직 진실과 솔직을 좋아했습니다. 그러다 보니 부인이 빚을 지고 빚쟁이들에게 시달리는 것을 보고도 "남의 돈을 안 갚았으니 경찰서에 가서 벌 받아야 한다."라고 우겨 부인을 힘들게 했습니다.

그런 그를 하느님이 아셨습니다. 하느님을 절대적으로 믿었기 때문입니다. 그러나 천 시인은 타종교를 백안시하지 않았습니다. 어느 종교인을 만나도 하느님께 감사했습니다. 그랬기에 하느님은 거리의 행려병자로 병원에 실려 갔을 때 옛 친구를 담당의사로 만나게 해 주었고 살려 주셨습니다. 간경화 말기로 복수가 찼는데, 의사도 죽을 것이라 했는데, 살가죽까지 다시 재생시켜 살려 놓으셨습니다. 억울하게 끌려가 전기고문을 당해 쓸모 없는 남자였는데도 부인의 사랑을 받게 하셨습니다.

천상병 시인은 천재였습니다. 브람스 4번을 들으며 눈물 흘리는 순정파였고 로맨티스트였습니다. 극작가 신봉승 선생님이 서양사를 읽고 있는데, "야, 그 따위 시시한 책을 이제야 읽느냐?"고 호통을 치더니 페이지마다 줄줄 외우더랍니다. 신봉승 선생님의 표현으로 "교활하게도 사실을 확인했더니 다 맞더라."였습니다.

어느 해 여름입니다. 천 선생님은 앞에 앉아 있는 여자들에게 "예쁘다, 예쁘다" 감탄하고 계셨습니다. 샘이 난 제가 "왜 저더러는 한 번도 예쁘다는 얘기를 하지 않느냐?"고 따졌습니다. 결코 예쁘지 않은 저의 억지라는 것을 너무도 잘 아시는 천 선생님은 1분 1초도 걸리지 않는 예의 그 순발력으로 "최 선생은 팔이 에로틱하네요, 하하"였습니다. 여름이기 때문에 팔이 드러나는 옷을 입었었습니다.

그런 시인의 진가를 하느님 다음으로 알아 준 여자 목순옥.

멋진 여자, 아름다운 여자, 섹시한 여자보다 자신의 진가를 알아 주는 여자를 만나는 것이 행복하다는 사실을 남자들에게 일깨워 준 여자 목순옥.

많은 문인들이 회상하기를, 목순옥이라는 처녀는 인형처럼 작고, 귀엽고, 예뻤답니다. 많은 문인들이 흠모했답니다. 그 귀여운 처녀는 오빠의 친구이며 병원에서 겨우 퇴원해서 몸도 가누지 못하는 남자와 늦은 결혼을 했답니다. 가난하기 짝이 없는 남자, 경찰이 주어다 시립병원에 던져버렸던 남자, 남자 구실도 못하는 남자, 심지어 제 오줌도 못 가려 기저귀를 차고 있는 남자를 남편으로 삼은 여자 목순옥.
아주 작은 여자인데 아주 크게 보입니다.

2003년 6월 20일

도인 천상병과 술 한잔을

이외수(소설가)

고문처럼 쓰라리던 사랑도 저물어 가네
歸天을 노래하던 詩人의 마을
모든 風景들이 夕陽으로 기울어지고
육십이 넘으니 비로소 세상이 달라 보인다는
法文을 들었네
흐린 세상 흐린 세월
대저 다른 것이 무엇인가 여쭈어 보았더니
이제 세상에는 싫은 것이 하나도 없다는 말씀
불현듯 맑아지던 내 귀를 의심치 말라
따라주신 맥주잔 가득
목화송이 같은 구름 한줌도 눈부시던 날이여

천상의 시인,
천상병의 문학세계

할머니 한 잔 더 주세요.
몽롱하다는 것은 장엄하다.
골목 어귀에서 서툰 걸음이 양
밤은 깊어 가는데,
할머니 등 뒤에
고향의 뒷산이 솟고
그 산에는
철도 아닌 한겨울의 눈이 펑펑 쏟아지고 있는 것이다.
그 산 너머
쓸쓸한 성황당 꼭대기,
그 꼭대기 위에서
함박눈을 맞으며, 아기들이 놀고 있다.

―「주막에서」중에서

천상병 대표시세계 산책

이경철(문학평론가, 전 중앙일보 문화부장)

우리 시대 순수인과의 마지막 만남

1992년 늦가을 천상병 시인의 집을 찾은 적이 있다. 이듬해 봄 4월에 타계한 천 시인의 건강이 매우 나빠지고 있다는 소식에 문학담당 기자로서 취재를 위해서였다. 예의 막걸리와 두부, 그리고 계란 한 판을 사들고 찾아간 서울과 의정부 경계에 위치한 천 시인의 집은 누추하기 짝이 없었다. 바로 맞은편에 들어서고 있는 서울 변두리 아파트 단지에도 편입되지 못한 난민, 아니 유민촌이랄 수 있는 그 집들은 키 작은 사람도 일어서면 머리가 천장에 닿을 그런 토굴 같은 것이었다.

그런 동네, 그런 집을 천 시인은 20여 년간 천상의 낙원쯤으로 삼아 술술 시를 써오고 있었다.

다 떨어진 집, 다 떨어진 몰골에 무엇이 그렇게 행복한지 천 시인은 가을 햇살보다도 환히 웃으며 "좋다, 좋다, 좋다, 행복하다"를 연발하며 2시간 남짓의 인터뷰에 응하며 사진 촬영도 하고 막걸리도 시원스레 몇 잔 마셨다.

취재를 마치고 나오며 이 시대 마지막 순수한 사람과의 만남도 이 것이 마지막이란 예감이 몹시 서운하고 아파 사진 기자와 함께 늦도록 마신 기억이 새롭다.

천 시인이 작고하자 매스컴들은 일제히 우리 시대 마지막 순수시인, 기인(奇人)이 귀천(歸天)했다며 대서특필했다. 그의 삶 자체가 우리 시대 일반의 삶과는 워낙 별쭝났기에 그럴 만도 하다. 그래 그의 40여 년간의 시세계에서 우러나온 3백50여 편의 시도 그런 삶의 풍문에 휩쓸리고 있는 감도 없지 않다. 우리 현대시사에서 순수서정의 한 극치와 그 귀결점을 시로써 보여주고 간 몇 안 되는 순수서정시의 역정이 그의 시세계인데도 시보다는 삶의 풍문만이 전설처럼 흐르고 있어 민망스럽다.

"거의 모두가 이제 금전망자(金錢亡者) 아니면 벼슬지상으로 갔다. 그러나 나는 끝까지 '문학'을 지킨다. 굶어 노두(路頭)를 헤매더라도 쓰러져 있더라도 선배들의 뒤를 따른다. 이것이 나의 '다시 순수로'인 것이다."

1970년 한 동료 시인의 글에 대한 답신으로 발표한 「읍참마속(泣斬馬謖)」 한 부분이다. 이 글에서 명백한 각오로써 밝힌 것처럼 천 시인은 순수한 삶과 문학으로써 시를 지키다 노두에서 쓰러져간 순수서정 시인이다.

40여 년의 시력 중간중간에서 시 10편을 추려 싣고 그 시들을 통해 그의 순수시의 역정을 들여다본다.

들국화

산등성 외따른 데,
애기 들국화.

바람도 없는데
괜히 몸을 뒤뉘인다.

가을은
다시 올 테지.

다시 올까?
나와 네 외로운 마음이,
지금처럼
순하게 겹친 이 순간이—

새

저것 앞에서는
눈이란 다만 무력할 따름
가을 하늘가에 길게 뻗친 가지 끝에,
점찍힌 저 절대 정지를 보겠다면……

본다는 것은 무엇인가
있는 것과 없는 것의
미묘하기 그지없는 간격을,
이어주는 다리(橋)는 무슨 상형(象形)인가.

저것은
무너진 시계(視界) 위에 슬며시 깃을 펴고
핏빛깔의 햇살을 쪼으며
불현듯이 왔다 사라지지 않는다.

바람은 소리없이 이는데
이 하늘, 저 하늘의
순수균형을
그토록 간신히 지탱하는 새 한 마리.

진혼가

-저쪽 죽음의 섬에는 내 청춘의 무덤도 있다 (니이체)

태고적 고요가
바다를 덮고 있는
그 곳.

안개 자욱이
석유불처럼 흐르는
그 곳.

인적 없고
후미진
그 곳.

새 무덤,
물결에 씻긴다.

주막에서

―도끼가 내 목을 찍은 그 훨씬 전에 내 안에서 죽어간 즐거운 아기들 (장 주네)

골목에서 골목으로
거기 조그만 주막집.
할머니 한 잔 더 주세요,
저녁 어스름은 가난한 시인의 보람인 것을……
흐리멍텅한 눈에 이 세상은 다만
순하기 순하기 마련인가,
할머니 한 잔 더 주세요.
몽롱하다는 것은 장엄하다.
골목 어귀에서 서툰 걸음인 양
밤은 깊어 가는데,
할머니 등 뒤에
고향의 뒷산이 솟고
그 산에는
철도 아닌 한겨울의 눈이 펑펑 쏟아지고 있는 것이다.
그 산 너머
쓸쓸한 성황당 꼭대기,
그 꼭대기 위에서
함빡 눈을 맞으며, 아기들이 놀고 있다.
아기들은 매우 즐거운 모양이다.
한없이 즐거운 모양이다.

나의 가난은

오늘 아침을 다소 행복하다고 생각는 것은
한 잔 커피와 갑 속의 두둑한 담배,
해장을 하고도 버스값이 남았다는 것.

오늘 아침을 다소 서럽다고 생각는 것은
잔돈 몇 푼에 조금도 부족이 없어도
내일 아침 일도 걱정해야 하기 때문이다.

가난은 내 직업이지만
비쳐오는 이 햇빛에 떳떳할 수가 있는 것은
이 햇빛에도 예금통장은 없을 테니까……

나의 과거와 미래
사랑하는 내 아들딸들아,
내 무덤가 무성한 풀섶으로 때론 와서
괴로웠을 그런대로 산 인생. 여기 잠들다. 라고,
씽씽 바람 불어라……

소릉조(小陵調)

-70년 추석에

아버지 어머니는
고향 산소에 있고

외톨배기 나는
서울에 있고

형과 누이들은
부산에 있는데,

여비가 없으니
가지 못한다.

저승 가는 데도
여비가 든다면

나는 영영
가지도 못하나?

생각느니, 아,
인생은 얼마나 깊은 것인가.

비 · 10

이 비는 무적함대
나는 그 사령관인 양 바다를 호령하여,
승리를 위하여 만전을 다한다.

실지로는 우산을 받치고 길을 가지마는.
옆가의 건물들이 군함으로 보이고,
제독은 외로이 세상을 감시한다.

가로수들이 마스트로 보이고,
그 잎잎들이 신호기이니,
천하만사가 하느님 섭리대로 나부낀다.

들국화

84년 10월에 들어서
아내가 들국화를 꽃꽂이 했다
참으로 방이 환해졌다
하얀 들국화도 있고
보라색 들국화도 있고
분홍색 들국화도 있다.

가을은 결실의 계절이라고 하는데
우리 방은 향기도 은은하고
화려한 기색이 돈다
왜 이렇게도 좋은가
자연의 오묘함이 찾아들었으니
나는 일심(一心)으로 시 공부를 해야겠다.

구름집

십오 번, 십팔 번 버스 종점
여기 변두리, 나 사는 동내(洞內)
단골 술집이 있는데
아직도 간판이 없는 집이다.

나 혼자 구름집이라 부르는데
막걸리 한잔 들이키면
꼭 구름 위에 있는 것 같아서다.
아주머니, 아주 상냥하고 다닐만한 집

한잔만 하는 내게도
너무나 친절하고 고맙고,
딴 손님들도 만족하는 이 술집
끊을 사이 거의 없는 손님투성이다.

수락산 밑이라 공기 맑고,
변두리라 인심 순박하고
도봉산이 보이는 좋은 경치.
이 집 잘되기를 나는 빌 뿐이다.

꽃 빛

손바닥 펴
꽃빛아래 놓으니
꽃빛 그늘 앉아 아롱집니다.

몇일 전 간
비원에서 본
그 꽃빛생각 절로 납니다.

그 밝음과 그늘이
열렬히 사랑하고 있습니다!
내 손바닥 위에서……

서정시, 외로운 마음이 순하게 겹친 이 순간

1970년에 발표된 「들국화」는 잘 짜여진 서정시의 한 전범을 들여다볼 수 있게 한다. 특히 마지막 3행 '나와 네 외로운 마음이,/ 지금처럼 / 순하게 겹친 이 순간이—'에서 그렇다. 서정성, 그것은 너와 나, 사물과 사물이 행복하게 만났던 관계의 회복이다. 즉 너와 나, 삼라만상이 같다는 동일성의 시학이 서정성의 핵심이다.

지금 이 시에서 순수의 계절 가을에 나와 들국화는 순하게 겹쳐지고 있다. 이 너와 네가 '순하게 겹친 이 순간'의 표현을 얻어내려 애쓰는 게 서정시의 요체다. 나라는 주관, 너라는 객관의 어느 한쪽이 강하게 '순하게' 겹쳐지지 못한다. 그러면 시인과 독자의 심사도 그만큼 겹쳐지지 못한다. 그렇다고 주객이 완전 합일되면 인간의 말, 표현의 미묘한 묘미를 떠나 시는 주문이나 동어반복의 세계로 넘어가 버린다.

「들국화」에는 지성인도 아니고 철인도 아니고 종교인도 아닌 보통 인간의 쓸쓸한 마음, 하기에 하나 되고픈 그리움을 정직하게 드러나게 하고 있다. 서정시는 지성도 아니고, 사회의식도 아니고 철학이나 종교도 아닌 인간의 순수한 마음이 온몸으로 끌고 가는 것이다. '다시 올까?' 하는 퀘스천의 망설임까지의, 허세나 과장이나 결단이 아닌 인간의 정직한 감상이 써가는 것이 서정시다. 그래야 너와 네가 순하게 겹칠 수 있다.

다시 서정시는 순간의 시학이다. 가을이 어떻게 오는가. 서늘한 바람으로 어느 날 문득 오는 것인가. 더위 가신 서늘한 촉감은 무어라 우리에게 먼먼 우주적 과거와 미래를 문득 추억, 예감케 하는가.

가을이 오는 조선의 길목에는 쑥부쟁이며 구절초며 들국화가 가득하다. 이름에서부터 외래종임이 느껴지는 코스모스의 선명하고 투명한 색깔과는 달리 들국화 빛에는 안쓰러운 추억과 순한 예감이 겹쳐있다. 지금 이 가을은 지나간 가을이며 사랑이며 다시 올 가을이며 순수다. 지금 이 순간에 온 우주 생령들의 순수가 겹쳐지고 있는 것이다.

「들국화」는 이렇게 서정시의 요체인 동일성과 순간성이 순하게 겹쳐지고 있는 서정시의 한 전형으로 읽힌다. 무엇보다 시를 자연스레 인간답게, 정갈하게 빚어내 평범한 독자들까지 시세계에 순하게 겹치게 한 꾸밈없어 보이는 꾸밈의 시적 미학이 세련된 시다.

새, 순수를 향해 날아오르는 자세

오랜 방황과 병마 끝에 실종되자 그가 노두를 헤매다 죽은 줄 알고 동료문인들이 1971년 유고시집으로 펴낸 첫 시집 제목을 『새』로 붙일 수밖에 없었듯 천상병은 「새」의 시인이다. 연작 번호도 미처 못 붙인 「새」를 제목으로 한 시가 7편이나 되고 다른 많은 편편의 시에서도 쉽게 새의 이미지가 발견된다. 그에 있어서 새는 그 비상으로 인한 상승이나 자유의 일반적 이미지에 갇히지 않고 순수, 혹은 그 순수를 지향하는 천상병 자신의 이미지로 읽힌다.

1967년 발표된 「새」는 순수를 탐구하는 시인의 치열한 자세를 읽을 수 있는 시다. 천상병의 고등학교 국어 교사이자 시인으로 이끈 김춘수 시인의 일련의 꽃과 나목의 시를 연상시키는 이 시에서 시인은 새를 '저것'이라며 대상화하고 있다. 대상을 '너'라고 보는 의인화가 서정적 태도이지만 그때 이미 시인은 반쯤 대상에 동화돼 그만큼 대상에 대한 지적 탐구의 객관적 거리를 잃게 된다.

무한천공을 향한 가을 하늘가까지 뻗힌 나뭇가지 끝에 점 찍힌 듯 앉아 있는 새. 그리하여 이 하늘과 저 하늘, 있는 것과 없는 것 사이의 간격을 이어주는 새. 불현듯이 왔다 사라지지 않는 그 '절대 정지'와 '순수균형'의 새는 무엇의 상형이고 상징인가, 하는 절대 순수의 본질을 묻고 있는 시가 「새」다.

아득한 시공을 거쳐 불현듯 우리의 마음자리에 점 찍히는 순수, 본질은 그러나 해명될 수 없다. 다만 포착된 순간을 탐구하려는 자세만 정직하게 표현해낸 시가 「새」다. 그러한 탐구의 정직한 자세가 오히려 독자들의 그 순수와 본질의 세계를 환기시킬 수 있는 것이다. 철학적으로, 현상학적 방법으로 해석하려 들면 미묘하기 그지없는 시의 유기체적 의미와 맛만 잃게 할 것이다.

새 무덤, 외로움과 그리움의 낭만의 무덤

1969년 발표된 「진혼가(鎭魂歌)」에서는 천상병 초기시의 시심(詩心)이 어디에 있는가를 읽을 수 있다. 67년 동백림사건에 연루돼 모진 고문과 71년 실종에 이은 72년 결혼과 안주(安住)라는 개인사에 의해 평단에서는 일반적으로 72년을 기점으로 천상병의 시세계를 초기와 후기로 양분한다. 초기시는 시적 긴장이 팽팽한 표현의 미학을 중시하지만 후기시는 긴장을 풀고 순리에 술술 따른 표현이 대부분이라는 게 일반적인 평이다.

「진혼가」에서는 우선 제목 밑에 '저쪽 죽음의 섬에는 내 청춘의 무덤도 있다'는 니체의 글 한 구절을 인용해 놓은 것이 눈길을 끈다. 이 시 마지막 연 '새 무덤'은 곧 '청춘의 무덤'으로 읽힐 수 있다.

새 무덤이 있는 '그 곳'은 어떤 곳인가. 1연에서는 '태고적 고요가/ 바다를 덮고 있는' 곳이다. 시간과 공간이 계기적(繼起的), 단속적(斷續的)으로 나뉘기 이전의 영원한 시공이다. 2연에서는 '안개 자욱이/ 석유불처럼 흐르는' 곳이다. 몽환적인, 그리움의 시공이다. 3연에서는 '인적 없고/ 후미진' 곳이다. 외롭고 소외된 시공이다.

영원함, 그리움, 외로움은 낭만적 특성이다. 19세기, 우리의 1920년대 낭만파 시인들은 그 영원함을 향한 그리움과 외로움의 감상을 대상에 이입시킨 채 울어버린 감상에 치우쳤다. 천상병도 데뷔 무렵의 몇 편의 시에서는 그런 감상성에서 헤어나지 못했다.

그러나 이 시에서는 그 시심의 고향, 낭만적인 '그곳'을 차분하게 드러내고 있다. 그러면서 그 낭만성을 새 무덤, 청춘의 무덤에 묻는다. 청춘의 낭만과 함께만 늙어간다면 우리의 삶은 또 얼마나 유치할 것인가. 청춘의 낭만과 함께 순수한 삶과 시세계를 지키게 한 것이 천상병의 트레이드마크가 된 술과 가난이다.

술, 순수혼을 부르는 초혼주(招魂酒)

1966년에 발표된 「주막에서」도 제목 밑에 '도끼가 내 목을 찍은 그 훨씬 전에 내 안에서 죽어간 즐거운 아기들'이라며 장 주네의 한 구절을 인용하고 있다. 중학시절부터 독서광으로 통하던 독서편력을 과시하거나 멋을 부리기 위해 명구절을 인용한 것은 물론 아니다. 시 창작과 감상을 위해 본문 어느 시구보다 더 유용한 언어일 때 제목 밑에 인상적으로 인용되는 것이다.

「주막에서」는 시인이 밤 깊도록 술 마시는 모습과 술 취해 머리에 떠오르는 이미지들이 술술 진술, 묘사되고 있다. '할머니 한 잔 더 주세요'라고 계속 주문하며 술 마셔 취한 듯 서툰 걸음으로 깊어간다. 그러면 주막의 할머니는 시인의 할머니로 바뀌고 시공은 어느새 시인의 유년 고향으로 넘어간다. 거기서 아기들은 한없이 즐겁게 놀고 있다.

시인이 성장하고 고향을 떠나 사회에 편입되면서 시인의 마음 속에서 죽어간 즐거운 아기들, 유년의 울긋불긋 꽃대궐 고향에서 자연과 동화돼 한없이 즐거운 천진무구의 혼을 부른 것은 바로 술이다. 시공의 해방자, 이미지의 해방자 술. 그래서 술때가 돌아오는 '저녁 어스름은 가난한 시인의 보람'이며 '흐리멍텅한 눈에 이 세상은 다만/ 순하기 마련'이다. 그래 '몽롱하다는 것은 장엄하다.' 이렇게 천상병은 나이 들어감에 따라 세속화돼 죽어간 천진무구의 순수혼을 부르는 초혼주(招魂酒)로서 술을 마셨다. 그리고 그렇게 부른 순수혼으로 시를 썼다.

가난, 순수를 지키기 위한 '구시자(求詩者)'적 선택

「나의 가난은」에서 시인은 '가난은 내 직업'이라 떳떳이 밝히고 있다. 다른 시 곳곳에서도 가난이 오히려 행복이라고 밝히고 있다. 하늘에 풀어놓은 새들은 먹이 걱정 없을 것이고 '햇빛에도 예금통장은 없을 테니까' 라며 가난이 오히려 자연스럽고 떳떳하다는 것이다.

  1970년 발표된 이 시에서는 '괴로웠을 그런대로 산 인생'이라 가난의 괴로움도 엿보이게 하지만 후기시에 올수록 시인은 가난에 더욱 떳떳해지고 자부심도 느끼게 된다. 부자가 천국에 들어가는 것은 낙타가 바늘귀 들어가는 것보다 힘들다는 성경의 말씀처럼 가난해야 순수를 있는 그대로 들여다볼 수 있는 것이다. 수도승이 득도(得道)를 위해 청빈(淸貧)을 택하듯 순수를 위해 천상병이 택한 것이 가난이다. 이 가난의 시학이 천상병 시를 금전망자나 명예, 벼슬지상의 허장성세(虛張聲勢)한 치장에서 벗어날 수 있게 했다.

  1971년 발표된 「소릉조(小陵調)」에서 '소릉'은 당나라 시인 두보의 호로 두보식 가난으로 읊는다는 것이다. '70년 추석에'란 부제로 미루어 추석을 맞아 여비가 없어 성묘하러 귀향도 못하는 4연까지의 심경을 안록산의 난으로 가난하게 타향을 떠도는 두보의 심경에 빗댄 것으로도 보인다.

  총 7연으로 이루어진 이 시는 기실 3문장밖에 안 된다. 4연까지가 여비가 없어 부모 산소와 형제가 있는 고향에 못 간다는 한 문장이고 5, 6연이 또 한 문장이고 마지막 7연이 한 문장이다. 그러면서 시인은 첫 한 문장은 네 연에 걸쳐 길게, 두 번째 한 문장은 두 연에 걸쳐, 마지막 한 연으로 처리하며 속도감을 주며 그 의미를 점차 깊게 하고 있다. 다시 매 연은 2행씩으로 처리하며 단정한 안정감을 주고 있다.

  4연까지에서는 여비가 없어 고향에 못 간다는 가난에 대한 평범한 진술이라면 5, 6연에서는 그 가난의 의미가 저승에까지 연장되며 한

층 심화된다. 그러면서 마지막 연에서는 가난이 인생을 얼마나 깊게 만들고 있는가 하고 참으로 인간답게 망설이며 감탄하고 있다.

그의 전기시들은 이와 같이 빼어난 서정적 자질과 시적 형식미를 갖추고 있다. 나와 대상간의, 내용과 형식간의 팽팽한 긴장을 놓치지 않은 결과다. 그러나 후기시들에 이르러 이런 팽팽한 시적 긴장은 보이지 않는다. 그저 자연의 섭리, 순리에 따른 너무도 평범한, 언뜻 보기엔 유치하기까지 한 진술들이 갈수록 자주 문면(文面)에 드러난다.

자연의 섭리를 닮은 무위자연의 시

「비·10」마지막 행에서 천상병은 '천하만사가 하느님 섭리대로 나부낀다'고 당당하게 외치고 있다. 이 시가 발표된 1972년 천상병은 결혼하고 의정부 초입 수락산 밑에서 우거(寓居)도 마련해 그로서는 참으로 안정된 일상에 접어든 때이다. 이 때부터「비」,「수락산하변」,「시냇물가」등을 연작으로 거푸 발표하며 자연의 섭리, 상선약수(上善若水) 등을 매우 즐겁게 찬미하고 있다.

「비·10」에서 시인은 비 오는 날 우산을 받치고 보무도 당당히 인사동인 듯한 길을 걸어가고 있다. 비 오는 날 건물들은 군함, 가로수와 그 잎잎들은 마스트와 신호기로 보이니 마치 자신은 제독이나 된 것처럼 바다를, 세상을 호령한다. 마치 왕자병에 걸린 한 소년의 팬터지를 보는 듯한 시다.

그러나 비는 귀천(貴賤)을 가리지 않고 '무적함대' 같이 곳곳에 섭리대로 뿌리고, 물은 섭리에 따라 낮은 데로 흘러내려 곳곳을 적시며 만물을 생육(生育)한다. 그런 자연의 섭리에 따라 살고 시 쓰는 시인에 거칠 것이 무에 있겠는가. 무위자연(無爲自然)이라 구태여 팽팽한 긴장으로 꾸밀 것은 또 무에 있겠는가. 이때부터 천상병의 시는 자연의 섭리를 닮은 꾸밈없는 진술로 나아가게 된다.

1984년에 발표된 「들국화」를 맨 처음에 살펴본 「들국화」와 비교해 감상해보라. 이와 같이 같은 제목의 시가 많음에도 불구하고 연작번호를 제대로 붙이지 않아 헷갈리게 한 것은 물론 시인의 불찰이지만 지금이라도 눈 밝고 성실한 편집자가 나와 바로잡아주어야 한다. 앞의 시를 서정시의 전범이라 했는데 이번 들국화는 그저 중학생이 쓴 하루의 일기와 별반 다를 게 없는 진술이다.

1980년 발표한 「구름집」도 앞에서 살펴본 「주막에서」와 비교해 읽어보라. 둘 다 단골 술집을 소재로 한 것인데도 시작 태도가 판이하다. 「주막에서」의 술은 유년의 순수로 이끄는 안내자의 역할이고 「구름집」에서 술은 '꼭 구름 위에 있는 것 같아서' 라며 단번에 우화등선(羽化登仙), 신선의 경지에 올려놓고 있다. 그리고 시인의 생활세계 주변을 단번에 무릉도원으로 만들고 있다. 그래 술술 세상만사에 대해 '좋다, 좋다, 좋다' 며 찬탄만 연발하게 만든다.

온몸, 온시로 보여준 순수 서정의 원형질

마지막으로 후기시 중 가장 아름답다 생각되는 「꽃빛」을 살펴보자.

3행씩 3연으로 구성돼 형식적 안정미도 있고 특히 진술로만 흐른 여느 후기시와는 다르게 묘사적 이미지가 주를 이뤄 읽는 이에게 아름다움을 느끼게 한다. 그 아름다움에는 경어체도 한몫 하고 있다. 특히 후기시의 특징이랄 수 있는 찬탄적 진술 '열렬히 사랑하고 있습니다'가 드러남에도 불구하고 그 사랑의 주체가 '밝음과 그늘'이라는 상반성을 띠어 시적 긴장도 느껴지게 하는 수작이다.

"한 물결의 잔잔한 미시적 움직임에도 그 '광'과 '음'의 작용이 부단히 연속하는 것이었다. 오면 가고 가면 오는 수억의 물결들이 하나같이 몰고 오는 빛과 그늘의 파노라마는 너무나도 아름답고 절묘한 영역이다. 그것은 인간적 능력이 미치지 못하는 신의 세계라고도 할 수가 있겠고 또 자연이 그 극의(極意)를 우리에게 시현(示現)하는 자리이기도 했다."

천상병이 1962년 『국제신문』에 발표한 칼럼 「바닷가 일일지광음(一日之光陰)」의 한 대목이다. 젊어 한때 부산에 살며 바다낚시를 하다 물결을 바라보며 위와 같은 '광음지법(光陰之法)'을 깨닫고 실천에 옮겼다는 것이다. 물결에서 터득한 광음지법이 30년 후 시 「꽃빛」에서 '그 밝음과 그늘이/ 열렬히 사랑하고 있습니다!'라며 생리적 느낌으로 육화(肉化)되고 있는 것이다.

광음이란 헤아릴 수 없는 세월의 뜻이라고도 천상병은 이 칼럼에서 밝혔다. 수억의 물결들이 하나같이 몰고 온 빛과 그늘이 시인의 눈에 들어온 순간, 그것은 또 수억의 물결에 실린 수억 년 아득히 뻗는 시간일 것이다. 시 「꽃빛」에서 '몇일전 간/ 비원에서 본/ 그 꽃빛'은 아득한 시간을 거슬러 와 지금 내 손바닥 위에 밝음과 그늘로 자연의 극의를 시현하며 또 아득한 미래로 퍼져나갈 꽃빛인 것이다.

밝음과 그늘이라는 상반성마저 열렬히 사랑하고 있다며 동화, 육화 시켜버리는 시인에게 있어서 시인과 대상과의 거리가 있을 수가 있겠는가. 무분별심(無分別心)으로 돌아가 시인과 대상이 하나 되어 '산은 산이요 물은 물이다'는 불교의 진여(眞如)적 세계를 진술하고 있는 것이 천상병의 후기시 세계다.

그러나 그런 진여적 세계가 아름답고 슬프고 절묘한 인간의 영역이랄 수 있겠는가. 그것은 동어반복의 신의 영역 아니던가. 그것은 또 다른 시인이 나타나 인간답게 번역해내어야 할 언어의 원형질, 서정시의 원형질이 아니던가.

천상병은 우리에게 삶과 시로써 순수가 무엇인가를 보여주고 간 시인이다. 초기에는 명징한, 인간적인 서정적 긴장으로, 후기에는 그 순수, 서정의 육화가 무엇인가를 온몸, 온시로 보여주고 간 한국현대시사에서 우뚝 남아 계속 연구되며 서정시의 깊이와 품위와 아름다움을 이끌 시인이다.

천상병 시의 재평가
— 그의 자유정신과 역사의식

구중서(문학 평론가)

    많은 사람들이 천상병 시인을 알고 있다. 특히 그의 대표적인 시 「귀천」을 좋아한다. 서울 인사동 〈귀천〉을 간판으로 내걸고 영업을 하는 카페도 널리 알려져 있다. 천상병 시인의 부인 목순옥 여사가 운영하는 카페이다.

    나 하늘로 돌아가리라
    새벽빛 와 닿으면 스러지는
    이슬 더불어 손에 손을 잡고,

    나 하늘로 돌아가리라.
    노을빛 함께 단둘이서
    기슭에서 놀다가 구름 손짓하며는,

    나 하늘로 돌아가리라.
    아름다운 이 세상 소풍 끝내는 날,

가서, 아름다웠더라고 말하리라……

「귀천」 전문

　이 빼어난 절창을 읽고 감동하지 않은 사람이야 어디 있겠는가. 시 「귀천」에는 새벽이슬 같은 신선한 분위기가 있다. 그러면서 노을과 단 둘이서만 산기슭에서 놀고 있는 고즈넉한 외로움도 있다. 그러나 무엇보다도 거짓이 아닌 마음으로 이 세상을 아름답게 생각하는 착함이 있다. 가난과 외로움 등 그의 마음에도 섭섭함이 왜 없었겠는가. 너무도 큰 슬픔이 있었다. 그러나 그 슬픔을 희석하고 우주에 가득 차서 넘실거리는 큰 인연의 사랑 속에 승화시켜 이 세상을 진심으로 아름답다고 생각하는 것이다. 그리하여 기꺼운 마음으로 저 세상에 갈 준비가 되어 있는 것이다. 이 시를 읽는 많은 사람들에게도 최후의 평화라는 선물을 나누어 주고 있는 것이다.
　그러나 이 시 「귀천」과 천상병 시인을 좋아하는 사람들의 생각은 과연 어떠한 내용으로 되어 있을까. 다만 시 「귀천」이 좋고 천상병은 천진무구한 성품을 지닌 시인이었다고 보는 데서 끝나는가. 또는 천상병 시인이 원래 하늘나라에서 왔다는 의식이 있었으므로 결국 이 세상 소풍을 끝내는 날 하늘나라로 돌아가리라 노래한 것이고, 이 세상 현실 속의 삶과 늘 거리를 둔 채로 살았던 것으로 생각하는 이들도 있을 법하다.
　또 다른 한 가지 생각은 천상병 시인이 기인이었다는 것이다. 자신의 용모가 초라한 데에 신경을 쓰지 않고 큰소리로 말을 하고 폭소를 터트리듯이 호탕하게 웃는다. 그러면서도 "좋다, 좋다, 다 좋다!" 한다

든가 어린이를 보면 "요놈, 요놈, 요 이쁜 놈아!" 하는 것이 버릇처럼 되어 있다는 것이다.

올해로서 천상병 시인이 떠난 지도 어느덧 13년째를 맞이하게 되었다. 이제 그를 기리는 마음들도 한 차례 정돈해 볼 만한 단계에 이르렀다.

천상병은 「귀천」을 1970년 여름호 『창작과비평』에 발표하였다. 해방과 6·25 전쟁을 거치고 60년대와 70년대 초까지 문학인들의 본거지는 서울의 명동이었다. 60년대 명동에서는 전에 문학인들이 모이던 〈갈채〉, 〈동방살롱〉, 〈돌체〉 음악실 등이 이미 사라지고 〈금문다방〉 하나가 남아 있었다. 이 다방은 뒤에 〈송옥다방〉으로 이름이 바뀌었다. 다방은 2층에 있고 3층은 조남철 기원인 〈송원기원〉이었다. 신동문 시인과 수필가이며 거리의 철학자인 민병산 이하 연배로서 시인 천상병, 박봉우, 신기선, 강민, 인태성, 황명걸, 소설가 정인영, 문학평론가로 내가 함께 어울렸다.

천상병은 시인이면서 『현대문학』지에 문학평론을 발표한 평론가이기도 하였다. 어느 날 저녁 신동문, 천상병, 나 셋이서 〈송옥다방〉 앞 속칭 쌍과부집 골목의 한 대포집에서 소주를 마셨다. 이 자리에서 천상병은 느닷없이 내게 '일루전'이란 것에 대해 어떻게 생각하느냐고 물었다. 그는 「공상」이란 제목으로 시를 쓴 적도 있으니까 공상 또는 환상이란 것에 대한 나의 관심을 물은 것 같다. 나는 무어라고 얼버무려 응대를 하는 둥 마는 둥 하고 말았다. 요는 천상병이 당시 명동에서 숱한 일화를 뿌리며 배회하고 있었지만 마냥 실없어 보이거나 허술한 사람이 아니었다는 것이다.

저녁 어스름 명동 거리에서는 천상병 시인의 행자스님 탁발 같은 것이 있었는데 최소 단위 지폐 한 장이 공식이었다. 서로 부담감이 없었으며 애교처럼 여겨지기도 하였다. 그 시절 문단의 인심은 천상병에게 호의적이었다. 선배 소설가 한무숙 여사가 천상병에게 자기네 집에 와 있으라고 해 한때 그렇게 지내기도 하였다. 시인 친구로서 방송사극을 써 수입이 많았던 신봉승이 또한 천상병을 자기네 집에 와 지내면서 글이나 부지런히 쓰라고 한 적이 있었다. 그 집에 가서 지내는 동안 천상병은 저녁 무렵마다 신봉승의 어린 딸에게 심부름을 시켰다고 한다. 가게에 가서 소주를 한 병 사오라는 것이다. 거기까지는 괜찮다.

천상병은 친구의 그 어린 딸에게 옆에 앉아서 소주를 따르게 하였다. 이 사실을 안 신봉승이 천상병에게 불평을 하였다.

"너는 아무것도 모르는 어린아이에게 술 심부름을 시키고 옆에 앉아 따르라고까지 한다니 그것이 무슨 짓이냐?"

천상병은 가가대소하며 대꾸하였다.

"내가 아무리 얻어먹고 지내는 신세이지만 여자가 따르지 않는 술을 어떻게 마시냐?"

이렇게 해서 천상병은 그 집에서도 나오게 되었다.

어느 날 저녁 역시 명동에서였다. 큰 재벌그룹 신문사에 근무하는 시인 인태성이 명동에 나왔다. 서너 명의 문우가 당시의 문예서점 근처 한 술집에 들어갔다. 천상병과 내가 동석하고 인태성이 술값을 내게 되어있었다. 좌중에서 천상병이 유난히 떠들고 폭소를 터트리고 하니까 인태성이 소리를 질렀다.

"야, 이 개새끼야!"

그러니까 천상병은 즉각에 대꾸를 하였다.

"그래 나는 개지만, 너는 달리는 개(走狗)다!"

비록 술값은 네가 내지만 너는 재벌의 사냥개 같은 앞잡이라는 뜻이다. 동석한 우리 모두는 허리를 잡고 웃느라고 정신을 차릴 수가 없는 정도였다.

이렇게 재치가 넘치고 친구들을 즐겁게 하던 천상병이 어느 날부터 모습을 감추었다. 그것은 1967년 여름의 일이다. 뒤에 알려진 일인데 박정희 독재정권의 중앙정보부가 천상병 시인을 연행해 갔다. 천상병 자신의 말에 의하면 6개월 동안 갇혀 있으면서 전기고문을 세 번이나 당하였다. 이른바 동백림간첩단 사건에 연루되었다는 것이다.

천상병 시인의 서울 상대 재학시절 한 동창생이 독일로 유학을 간 일이 있었다. 1967년에 그가 귀국해 서울 명동에 나타났다. 천상병은 반가워서 그 친구가 사 주는 술 자리에 기꺼이 동석하곤 하였다. 이것이 전부다. 그런데 독일에서 온 그 친구가 간첩이었다는 것이다.

그 친구의 수첩에서 천상병의 이름이 나왔다는 것이다. 그러나 천상병은 아무것도 모르는 일이다. 그는 고문만 골병이 들게 당하고 풀려났다. 그 뒤 그의 걸음걸이가 비틀거리게 되었다. 허약증세와 정신착란으로 1971년에는 서울시립 정신병원에 입원해 있게 되었다. 이 입원기간에 친우들은 그가 행려병자로 별세했을 것이라고 짐작하였다. 천상병이 발표한 작품들을 모으고 돈도 모아서 천상병 시집 『새』를 꾸려냈다. 그런데 천상병이 살아서 병원에서 나왔다. 친구들은 살아있는 친구의 유고시집을 낸 셈이다. 그것도 아주 풍성하고 화려한

체재로 낸 책이었다. 천상병은 결코 외롭지 않고 그의 죽음은 그것으로 끝나는 것이 아니라는 것을 증명하는 한 사건이기도 하였다.

영원한 행자(行者)의 철학

그런데 그 천상병 시인 자신은 왜 스스로 외로워하고 정처없는 나그네의 길을 걸었을까, 그 까닭이 무엇이었을까.

강물이 모두 바다로 흐르는 그 까닭은
언덕에 서서
내가
온종일 울었다는 그 까닭만은 아니다

밤새
언덕에 서서
해바라기처럼 그리움에 피던
그 까닭만은 아니다.

언덕에 서서
내가
짐승처럼 서러움에 울고 있는 그 까닭은
강물이 모두 바다로만 흐르는 그 까닭만은 아니다
「강물」 전문

이 시 「강물」은 천상병이 1949년 『문예』지에 발표한 첫 작품이다. 그 때 천상병은 왜 무슨 '까닭'을 되뇌이며 시를 썼을까. 그 때에는 중학교가 6년제였고, 그 중학교의 5학년 때였으니 지금으로 치면 고등학교 2학년 때에 그가 발표한 시이다.

천상병이 다니던 마산중학교에서는 바다가 잘 내려다 보였다. 아름다운 바다, 때로는 성난 파도로 거세게 몰려오는 바다였다. 그의 집은 마산시를 조금 벗어난 진동이란 곳에 있었다. 할아버지 때부터 살아온 그의 고향이었다. 그 고향 마을에서도 바다는 잘 바라보였다. 그리고 마을 뒤는 산이었다.

천상병은 그 산에 올라가 바다를 바라보며 명상에 잠기곤 하였다. 땅위의 강물들이 모두 덧없이 저 바다로 흘러들어가는구나. 어느 날 마을 뒷산에 올라갔을 때 누가 죽어서 그 산에 묘를 쓰면서 유족들이 슬피 우는 것을 보았다. 인간도 저렇게 덧없이 죽어가는 것이지. 이 장면을 소재로 하여 천상병은 시 「강물」을 썼다.

그러나 왜인가. 왜 세월과 생명은 덧없이 끝나서 어디로 가는가, 그 '까닭'은 분명치가 않다. 나 때문에 강이 바다로 흘러드는 것도 아니고, 내가 산에 올라 무언가를 그리워하며 우는 것도 강이 바다로 흘러드는 '까닭'만은 아니다. 어떤 단순한 한 가지 '까닭'만이 있는 것은 아닌 채 자연과 인생이 각기 제 길을 간다는 것이다.

이렇게 한 가지 '까닭'만은 아니라는 것은 무슨 뜻인가. 이것은 반대로 모든 것 사이에 서로 관련되는 까닭을 지니고 있다는 뜻이 된다. 사람이 말로써 표현할 수 없는 절대적인 실재의 세계가 있다는 뜻이 된다. 아직 나의 어린 천상병은 모든 것이 하나라는 종교철학의 원리를 깨달았다고 보기는 어려울 것 같다.

  그러나 그의 비범한 천재성은 첫 작품 「강물」에서 '까닭'이라는 관계의 뜻을 몸으로 느꼈다고 보게 된다. 이것은 어쩌면 천상병과 그의 시가 지니는 운명과도 같은 것일 수 있다.

    뭐라고
    말할 수 없이
    저녁놀이 져가는 것이었다.

    그 시간과 밤을 보면서
    나는 그 때
    내일을 생각하고 있었다.
    봄도 가고
    어제도 오늘도 이 순간도
    빨가니 타서 아, 스러지는 놀빛
    저기 저 하늘을 깎아서
    하루 빨리 내가
    나의 무명(無名)을 적어야 할 까닭을,
    나는 알려고 한다.
    나는 알려고 한다.

                            「무명」 전문

  자신의 '이름 없음(無名)을 적어야 할 까닭'이란 무엇인가. 그것도 연필 깎듯이 하늘을 깎아서 기록한다니 그 기개가 우주적인 폭을 지니고 있다. 이것은 필경 노자가 말한 바 "이름이 고정된 한 이름이 되면 영원한 이름이 못 된다(名可名非常名)"에 동하는 뜻이 된다.

시「무명」은 천상병이「강물」을 발표한 몇 해 후 1952년에 『신작품』이라는 잘 알려지지 않은 지면에 발표한 것이다.「강물」과 더불어 하나의 절대적 실재라는 큰 세계를 몸으로 느끼고 있다. 이것은 일찍이 존재적 문제의식에 눈을 뜬 것이며 자각된 자아의 흥분으로 서성거리는 행자(行者)의 몸짓이 된다.

> 보이지 않는 길을
> 바람은 용케 찾아간다.
> 바람은 사통팔달이다.
> 나는 비로소 나의 길을 가는데
> 바람은 바람 길을 간다.
> 길은 언제나 어디에나 있다
> 「바람에게도 길이 있다」 2, 3연

그리하여 천상병은 집착하지 않고 떠나는 삶을 산다. 길은 언제나 어디에나 있으니까. 골목에서 거리로, 거리에서 찻집으로, 술집으로 간다.

60년대의 명동에는 낭만이 있었다. 복판 네거리에는 국립극장격인 시공관이 있었다. 오늘의 제일백화점 자리는 공원이었다. 공원에는 나무가 있고 벤치도 있었다. 〈송옥다방〉에는 문인과 연극인들이 모였다. 찻값을 외상으로 긋기도 하였다. 밀리는 찻값은 시인 신기선이 나타나 몰아서 갚았다. 숙부의 밀가루가게 카운터를 맡고 있던 신기선은 저녁 어스름에 가게 돈을 주머니에 넣고 나와 친구들의 찻값을 갚았다. 그는 숙부네 가게에서 쫓겨나기도 하였다.

신동문은 시 「아다다의 주정」을 썼다.

아마 난 취했다.
명동에서 취했다.
세계의 명동에서
나는 주정이 하고 싶다
이런 것이 아니다
이런 것이 아니다

「휴전선」의 시인 박봉우는 쌍과부집 출입문을 반쯤 열어놓고 삐딱히 문틀에 기대선다. 손가락 사이엔 담배가 끼어 있고 그는 씩 웃으며 소리친다.

"이놈들아! 조국과 민족을 모르는 놈들이 무슨 시인이냐?"

술집 안에서는 박봉우의 주정을 노랫가락쯤으로 여겨 기꺼이 들어준다. 이러한 주석에 으레 천상병이 끼어 있었다.

그는 기인이 아니다

끝판에 천상병은 숙소로 가면서 혼자서도 주막에 더 들른다. 숙소

라야 여인숙인 때가 많다

    골목에서 골목으로
    저기 조그만 주막집
    할머니 한 잔 더 주세요,
    (……)
    할머니 등 뒤에
    고향의 뒷산이 솟고
    그 산에는
    철도 아닌 한겨울의 눈이 펑펑 쏟아지고 있는 것이다
    그 산 너머
    쓸쓸한 성황당 꼭대기,
    그 꼭대기 위에서
    함빡 눈을 맞으며, 아기들이 놀고 있다.
    아기들은 매우 즐거운 모양이다.
    한없이 즐거운 모양이다.

                                「주막에서」 중략

  천상병은 이 시를 1966년 『현대시학』에 발표하였다. 이 시기까지 그는 나그네 같은 동심의 맑은 눈을 잘 유지하였다. 아울러 고향에 대한 그리움도 늘 가지고 있었다.
  마치 타고난 가난뱅이처럼 그는 가난에 친숙해 있는 심정을 시로 쓰곤 하였다.

가난은 내 직업이지만
비쳐 오는 이 햇빛에 떳떳할 수가 있는 것은
이 햇빛에도 예금통장은 없을 테니까…
「나의 가난은」

세상에는 집도 많건만
어찌하여서
내겐 집이 없는가
나는 셋방이라도 있으니
그저 영광이다.
「집」

이렇게 그는 시에서 썼다. 사람이 지나치게 사치에 빠지는 것은 죄이지만, 지나치게 가난한 것도 죄라고 석가가 말하였다. 지나치게 가난하면 사람이 타고난 본성을 제대로 발휘하지 못하므로 일종의 자해행위처럼 되기 때문이라는 것이다. 그러면 천상병은 가난을 운명으로 타고났거나, 무능하고 무기력하기만 해서 가난에 지고 만 것이었던가. 그런 것은 아니었다.

천상병의 자전적 사연이 실려 있는 산문집 『괜찮다 괜찮다 다 괜찮다』에서 보면 그의 어린 시절 이야기가 밝혀져 있다.

내 어릴 적 고향 진동은 할아버지와 아버지 그리고 외가도 가까이서 살았던 곳이다. 할아버지가 그곳에서 살아 계실 때는 천석까지 하셨다. 꽤나 많은 그 재산을 탕진하고 일본으로 가셨다. 그 곳에서(부모가 1930년에) 나를 낳으셨다. 그래서 내 출생지는 일본 히로시 히메이지다. 그 후는 네 살 때 한국으로 나와 어린 시절을 진동에서 살았다. 하지만 나는 내 고향을 진동이라고 말한다. 어린 시절에 나는 무척 귀여움을 받고 자랐다. 위로 형님이 계셨는데도 아버지나 어머니는 나를 무척 귀여워 하셨다. 더구나 외할머니까지도 나를 귀여워하여 이모님과 같이 외가에서 살다시피 했었다. 어린 시절 초등학교 2학년까지 살던 고향 진동의 기억은 지금도 생생하다. 뒤에 산이 푸르고 앞에는 푸른 바다가 보이는 그런 곳이었다. 멀리 바라다 보이는 바닷가에 외할머니의 손을 잡고 거닐며 조개를 캐던 기억도 생생하다.

『괜찮다 괜찮다 다 괜찮다』 33~34쪽

고향 진동에서 초등학교를 다니던 소년 천상병은 가족과 함께 다시 일본으로 이사했고, 그 뒤 귀국해 마산 오동동에 살면서 마산중학교 2학년에 편입하였다. 이 학교 교정에서 바다를 내려다보면서 천상병은 많은 것을 배웠다고 하며, 그가 시를 쓰게 된 것도 산과 바다가 있는 곳에 살았기 때문이라고 하였다.

대지주로서의 가정형세가 몰락은 하였지만 부모의 사랑을 받으며 자란 아름다운 고향 진동에서의 추억을 그는 소중히 간직하고 있다. 이 시절의 행복한 기억이 「하늘위의 일기 초―감천사」와 「어머니 변주곡·3」에 나타나 있다. 그는 늦은 나이에 결혼을 했고, 또 회갑을 맞은 해에는 그리운 고향 진동마을과 마산의 모교 교정을 둘러 보고 오기도 하였다.

 산업화 시대에 쓰이게 된 말로서 '뿌리 뽑힌 인생'이란 말이 있다. 가난으로 연명을 할 수가 없어 대대로 살아온 고향을 떠나 도시빈민이 된 이농민을 가리키는 말이다. 실로 불행한 삶인 것이다.

 시인 천상병이 고향을 떠나 서울에서 지낸 까닭은 사정이 사뭇 달랐다. 그는 고등학교를 졸업하고 서울대학교 상과대학에 입학하였다. 그가 상대를 지망한 것은 우연히 된 일이고 처음부터 돈을 벌려는 의도는 없었다. 상대생으로서 그는 오히려 문학동네로만 돌아다녔다. 그래도 상과 대학 4학년 1학기까지 학교공부를 마쳤다.

 이만하면 나머지 한 학기는 졸업 수속을 하기만하면 되는 것이다. 당시 상과대학 학장이 졸업 후의 은행 취직 가능성에 관해 언질을 주기도 하였다. 그러나 천상병은 그런 분야에 취직할 의향이 전혀 없었다. 그는 그냥 명동으로만 나다니고, 문단 친구들과 어울리는 데에 신바람이 나 있었다. 바람은 바람의 길을 가고, 천상병은 시인의 길을 가는 것이었다. 이것은 자신의 운명에 대한 능동적 선택이었다. 가능성이 열려진 상황에서 자기다운 선택을 했다고하여 그를 기인이라고 말할 수 없다. 그의 가난과 고독을 낭패라고 말할 수 없다.

 천상병은 인간을 좋아하였다. 그것은 곧 친구를 좋아한 것이다. 그는 시로써 김관식과 신동엽에 대해 썼다. 산문으로 박봉우에 대해 썼다. 이 경우 모두 그들의 죽음에 대해 썼다.

 김관식에 대해서는 그가 살아있던 때 이야기를 한 시 잡지에 쓴 것이 있다. 어느 해 문인협회가 총회를 끝낸 자리였다. 당시로서는 가장 원로였던 월탄 박종화 선생을 둘러싸고 중진 문인들이 담소를 나누고 있었다. 이 자리에 젊은 김관식 시인이 어깨로 밀고 들어가 월탄을 마주해 섰다. 월탄이 얼굴에 웃음을 띠고 말하였다.

"김군, 나는 자네를 좋아하네."

김관식이 대꾸 하였다.

"박군 나도……."

점선부분은 천상병이 원래 원고에 쓴 '자네를 좋아하네'였다고 한다. 그런데 잡지의 편집 책임자인 문덕수 시인이 발견하고 점선으로 교정하였다는 것이다.

천상병이 이 이야기를 쓴 까닭은 다른 것이 아니다. 날이 갈수록 젊은 문인들의 기개가 왜소해 간다는 점을 비판한 것이다. 후배 김관식의 주정이 동했던 분위기의 여유를 또한 그리워한 것이다. 그가 시로써 쓴 것은 「김관식의 입관」이었다.

> 심몽한 바람과 구름이었을 게다. 내 길잡이는
> 고단한 이 땅에 슬슬 와서는
> 한다는 일이
> 가슴에서는 숱한 구슬
> 입에서는 독한 먼지
> 터지게 토해 놓고
> 오늘은 별일 없다는 듯이
> 싸구려 관 속에
> 삼베 옷 걸치고
> 또 슬슬 들어간다.

우리가 두려웠던 것은

네 구슬이 아니라

독한 먼지였다

좌충우돌의 미학은

너로 말미암아 비롯하고

드디어 끝난다.

구슬도 먼지도 못되는

점잖은 친구들아

이제는 당하지 않을 것이니

되려 기뻐해 다오

김관식의 가을바람 이는 이 입관을

「김관식의 입관」 전문

 점잖은 친구들을 탓하며 김관식의 조시를 쓴 천상병마저 간 그날부터 실로 문단은 적막해진 것 같다. 천상병은 살아서 앞서가는 문우들의 장례를 지켜보았다. 죽은 김관식의 가슴에서 구슬을 수렴하고, 신동엽의 무덤에서는 하늘이 옆얼굴을 내어 보이고 맑은 눈을 한 곳으로 쏟는 것을 보았다. 신동엽의 장편 서사시 「금강」의 서두를 연상케 한다. 그러면서 신동엽은 '외로움을 자랑한 꽃'이라고 하였다(「곡 신동엽」에서). 천상병이 신동엽을 외롭다고 본 것은 그의 애정 때문이다. 또 박봉우가 울분을 토하다가 미쳐서 죽었다고 산문을 쓴 것도 마찬가지 심정의 토로이다(「울분을 토하다가 미친 박봉우」에서).

4 · 19 혁명과 행동을 지지 한다

천상병은 예술의 혼이 씌운 시인이었다. 그러나 그는 예술지상주의자가 아니었다. 언어를 감각적으로 말초화하느라고 지쳐서 쓰러지는 경우가 아니었다. 그는 오히려 일상생활 속의 모든 것이 의미가 있고 시가 될 수 있다고 생각하였다. 그러면서 작곡가 베를리오즈가 프랑스혁명의 행렬 속에 참여한 것을 선망하기도 하였다. 역사의식과 행동, 이것까지 천상병이 마음속깊이 지지하고 있었다. 바로 이런 까닭에 그는 신동엽과 박봉우를 좋아하였다.

브람스, 프랑크, 슈만, 모차르트, 바하 그리고 조금 현대의 시벨리우스 등 내가 각별하게 사랑한 이름은, 문학사의 어떤 작가들의 이름보다도 더 정감적으로 지금도 같이 살고 있습니다. (……) 프랑스에서 민중의 혁명이 불같이 일어나고, 격노한 군중의 인파가 베르사이유 궁전으로 밀려가는 아우성 소리를 들으면서 베를리오즈는 그의 대표작이라 할 수 있는 〈환상 교향곡〉의 마지막 부분을 작곡 하고 있었습니다.

(……) 베를리오즈는 〈환상 교향곡〉의 마지막을 다 작곡하고 펜을 놓았습니다. 펜을 놓고 침착하게 오른쪽 서랍을 열어 그 악보를 집어넣고 왼쪽 서랍을 열어 그 곳에 두었던 권총을 집어들고 그 성난 군중의 행렬 속으로 뛰어들었다는 것입니다. (……) 〈환상교향곡〉은 위대한 작품입니다. 그리고 이 '환상' 은 프랑스 민족의 운명을 일백팔십도 돌리는 현실의 격동기에 작곡된 것입니다. (……) 한국의 작가

들에게 이야기를 들려주는 것은 정신의 고문입니다. 한국의 작가들은 (나 자신을 포함해서) 4·19를 전후한 시기를 겪으면서 '그의 작품'도 없었고 '군중의 행렬'에도 없었습니다.

창피스러운 체면입니다.

(……) 한 학생이 "한국 작가들의 작품에는 너무 예언성이 없는 것 같다"는 말을 하는 것을 들었습니다. "민족의 운명에 너무 무관심한 것 같다" 그런 이야기도 나오는데 나는 그 때 그 학생들의 말을 들으면서 괴테가 엑켈만에게 한 말이 새삼스럽게 떠올랐습니다.

"독일의 작가가 된다는 것, 독일의 순교자가 되는 것이다."

「4·19와 문학적 범죄」에서

과연 베를리오즈의 〈환상교향곡〉 제4악장의 소주제는 〈단두대로 향하는 행진〉이었다. 천상병은 위 글에서 "한국작가들의 현실관이 고고한 관념, 논리적으로 해설된 여지가 거의 없는 것"이라고 비판하기도 하였다.

이렇게 볼 때 천상병 시인이 60년대의 명동 한 대포집에서 내게 '일루전'에 대해 대화를 제의한 것도 저 베를리오즈의 혁명적 환상을 가리킨 것이 아니었던가 생각되기도 한다. 천상병은 고전음악에 심취했고, 시를 쓸 때에도 음악을 들으면서 쓰는 열정을 지니고 있었다.

그러나 1967년 횡액이라 할 정보부 고문사건 이후 천상병은 스스로 말 하기를 거의 폐인이 된 상태라고 하였다. 그에게서 역사적 현실에 대한 참여는 환상으로써라도 더 추구할 기력이 없게 되었다고 보아야 할 것이다.

인간적 '관계'를 사랑하며

다만 그로서는 오히려 동심으로 돌아가는 일과, 처음 시를 쓰기 시작하던 때의 화두인 '까닭' 즉 '관계'의 철학에서 더욱 넉넉히 '의미'를 누리게 되었다. 그는 산문 「내가 좋아하는 작가」에서 작가 샤르트르의 사상적 한계를 지적하고 있다. "교사가 없는 샤르트르, 이웃이 없는 샤르트르, 대화할 상대가 없는 샤르트르는 그 자신이 존재할 수도 없다. 샤르트르의 존재 이유는 샤르트르 자신에게 있는 것이 아니고 샤르트르와 타인과의 '관계' 속에만 있는 것이다. 가브리엘 마르셀은 인간과 인간을 연결하는 '관계'를 중시하며 최고의 관계는 '애정'이라고 말한다." 대강 이런 요지에서 천상병은 이상적인 작가의 주제를 일깨우려 하였다.

천상병의 첫 작품 「강물」의 주제였던 '까닭'은 '관계'의 철학으로 풀리고 있다. 그는 늘 고향, 어머니, 조카, 어린이들과의 관계를 소중하게 생각하였다. 늦게 결혼한 아내에게, 병원에서 돌보아준 의사친구에게 감사하게 여겼고 심지어 「장모님」이란 시에서는 '저승에서도 같이 지냅시다.' 하였다 그는 시 「소릉조」에서 '저승 가는데도/ 여비가 든다면' 하고 천진한 염려를 하였다. 그는 원래 하늘에서 온 사람이고 '이 세상 소풍 끝내는 날, 가서 아름다웠다고 말하리라' 하는 믿음을 가지고 있었다.

그는 기인이 아니고 지극히 정상적인 조건을 갖춘 사람이었다. 다만 존재하는 모든 것들을 사랑한 투철한 시인이었다.

천상병 시 속에 나타난 가난

안선재(테제수도회 수사/ 서강대 영문과 교수)

문학작품 중에는 부와 권력이 지닌 부정적인 면을 뒷받침해 주는 것이 많다. 19세기 영국작가는 이것을 다음과 같이 매우 간단하게 표현하고 있다. "권력은 사람을 부패시키고, 절대권력은 그들을 절대적으로 부패시킨다." 부(富) 역시 권력의 한 양상이므로 다음과 같이 말할 수 있다. "부(富)가 사람을 부패시키고 무한한 부는 무한히 인간을 부패시킨다."고. 이것에 대한 반응으로 어떤 사람은 부와 상반되는 가난은 반대효과가 있다고 생각한다. 세네카(seneca)는 "힘든 일이 몸을 강하게 해주듯이 가난은 마음을 강하게 해준다"고 말한다. 그러나 다른 사람들은 권력이 사람을 부패시킨다면, 가난은 인간의 가치를 저하시킨다는 사실을 너무나 잘 깨닫고 있었다. TV나 신문은 종종 가난이 우리에게 무지, 병, 굶주림, 비도덕성, 죄, 폭력을 가져온다는 것을 상기시킨다. 테제규칙서에 보면, 로제 형제는 다음과 같이 말하고 있다. "가난 그 자체는 무가치하다." 그대신 그는 '청빈'이라고 보통 불려지는 수도생활의 특징을 '단순한 삶의 형태'로 설명하고 있다.

현대 안에서 가난의 본질적인 특징은 가난의 가치가 점점 상실됨으로써 가난을 선택하고자 하지 않는다는 것이다. 모든 것을 위해서 돈이 필요한 이 세상에서 누가 가난을 원하겠는가? 따라서 생활필수품들을 언제나 이용할 수 있는 수도생활의 선택적 가난과, 자신과 자신의 아이들이 아프거나, 당장 먹을 것이 필요할 때 그것을 가질 수 없는 강요된 가난의 실재와의 차이를 인식하는 것이 중요하다.

 1993년 4월 28일, 의정부의 변두리에서 몇 해 동안 살아왔던 한 가난한 사람이 자신의 조그마한 오두막집에서 생을 마쳤다. 그의 몸은 오래 전에 겪었던 몇 달 동안의 감옥 살이와 고문으로 이미 허약해진 생태였고 죽기 얼마 전에는 음식을 먹지 않고 막걸리로 생명을 이어 갔다. 벌써 여러 해 전부터 그의 간은 활동을 멈추었지만, 그는 기적적으로 살아서 60회 생일까지 맞이했다. 그는 더 이상 일할 수 없었기 때문에 친구들로부터 도움을 받았고, 그의 아내는 유자차와 모과차를 파는 작은 찻집을 경영하여 생계를 유지해 나갔다.

 1968년에 받았던 전기고문 쇼크 이후 그는 자신을 도와 줄 자식조차 가질 수 없게 되었다. 그가 할 수 있는 유일한 것은 시나 수필을 쓰는 것이었는데, 그는 그 대가로 돈을 조금씩 벌었다. 그러나 어느 때는 돈이 전혀 없었다. 그에게 있어 가난은 분명 그가 택한 것이 아니었다.

 그러나 그는 다음과 같이 썼다. "나는 이 세상에서 가장 행복한 사람이다"라고. 그리고 이것은 그에게 있어 진실이었다. 이렇게 가난을 행복으로 받아들인 이는 다름아닌 시인 천상병이다. 그는 가난을 자유 안에서 받아들임으로써 모든 것을 다르게 만든 놀라운 사람이다. 그의 시 속에 나타난 가난에 대한 그의 표현은 그를 마치 현대의 프란체스코 성인처럼 만들었다.

나는 세계에서
제일 행복한 사나이다.

아내가 찻집을 경영해서
생활의 걱정이 없고
대학을 다녔으니
배움의 부족도 없고
시인이니
명예욕도 충분하고

(……)

더구나
하나님을 굳게 믿으니
이 우주에서
가장 강력한 분이
나의 빽이시니
무슨 불행이 온단 말인가!

「행복」

    천상병 시인은 어떤 교회에도 속해있지 않았지만 복음서의 산상수훈에서 말하는 가난의 영성을 대부분의 사람들보다 더 깊이 알고 있었다. 그의 마음은 항상 단순했고 다가올 어떤 것에 대해서든지 항상 기뻐할 준비가 되어 있었으며 항상 자신이 가장 좋은 사람이기를 기대했다. 그는 아이들과 함께 있을 때 가장 행복했고 그들과 함께 있을 때 편안함을 느꼈다는 것은 그 자신이 어린아이와 같은 마음을 지녔기 때문이니 결코 놀라운 일이 아니다. 예수께서는 "내일을 걱정하지 말라"고 하셨지만 우리들 대부분은 이러한 그분의 말을 받아들이지 않는다. 그는 우리가 매일 걱정없이 살도록 초대하셨지만 교회 안에서 볼 때 우리들은 건강보험제도나 연금제도를 들고 있을 때 그리고 대부분의 수도공동체는 자신들의 땅이나 미래의 필요를 충당해 줄 예금액을 갖고 있을 때 행복해진다. 천 시인은 분명 이런 면에서 달리 택할 수는 없었지만 복음의 정신에 더 가까운 사람이었다.

> 오늘 아침을 다소 행복하다고 생각하는 것은
> 한 잔 커피와 갑 속의 두둑한 담배
> 해장을 하고도 버스값이 남았다는 것.
>
> 오늘 아침을 다소 서럽다고 생각하는 것은
> 잔돈 몇 푼에 조금도 부족이 없어도
> 내일 아침 일도 걱정해야 하기 때문이다.
>
> 가난은 내 직업이지만
> 비쳐오는 이 햇빛에 떳떳할 수가 있는 것은
> 이 햇빛에도 예금 통장은 없을 테니까……
>
> 「나의 가난은」 부분

첫 테제 규칙서에서 로제 형제는 복음에 따른 가난의 정신이 청교도의 엄격성 같은 엄한 조건 하에서 사는 것이 아니라 그와 반대로 우리에게 창조물들의 단순한 아름다움을 즐기는 것이라고 말한다. 이와 같이 단순한 아름다움을 볼 수 있는 눈을 통해 자신의 축복을 셈하는 방법을 안다는 것이야말로 진정한 행복의 비결이다. 이에 반해 부유한 사람은 성공하기 위한 투쟁으로 인해서 단순한 행복을 잃어버린 사람이다.

나는 볼품없이 가난하지만
인간의 삶에는 부족하지 않다.
내 형제들 셋은 부산에서 잘 살지만
형제들 신세는 딱 질색이다.
(……)
다만 하늘에 감사할 뿐이다.

이렇게 가난해도
나는 가장 행복을 맛본다.
돈과 행복은 상관없다.
부자는 바늘귀를 통과해야 한다.
「나의 가난함」

천상병의 작품에서 마지막 시의 마지막 연이 복음에서 직접 인용되었다는 것은 매우 특이한 것이다. 그는 자신의 상황이 복음에서 말하는 가난한 사람의 그것과 어떻게 유사한지를 알고 있다. 바로 이 점이 그가 어린이와 같이 매우 단순하게 말할 수 있는 자신감을 준 것이다.

> 날개를 가지고 싶다.
> 어디론지 날 수 있는
> 날개를 가지고 싶다.
> 왜 하나님은 사람에게
> 날개를 안 다셨는지 모르겠다.
> 내같이 가난한 놈은
> 여행이라고는 신혼여행뿐인데
> 나는 어디로든지 가고싶다.
> 날개가 있으면 소원 성취다.
> 하나님이여,
> 날개를 주소서 주소서……
>
> 「날개」 전문

그 날개는 개인이 소유할 수 있는 일종의 헬리콥터라고 보아서는 안된다. 그것은 신의 편재에 대한 명상에 우리를 더 가까이 끌어올려 주는 경이로운 날개라고 할 수 있다. 그 날개는 시인이 지닌 사람과 평화에 대한 끝없는 호기심을 표현해 주고 있다. 왜냐하면 그는 자신이 가는 곳이면 어느 곳이든지 아름다움과 신을 발견할 수 있음을 알기 때문이다. 하지만 그에게도 가난으로 인한 좌절도 있었다. 어떤 시는 추석 때 고향을 방문하려고 했지만 여비가 없어 갈 수 없는 자신의 체험에서 영감을 얻었다.

    아버지 어머니는
    고향 산소에 있고

    외톨배기 나는
    서울에 있고

    형과 누이들은
    부산에 있는데

    여비가 없으니
    가지 못한다.

    저승가는 데도
    여비가 든다면
    나는 영영
    가지도 못하나?

    생각느니, 아,
    인생은 얼마나 깊은 것인가.

                                     「小陵調」

가난한 사람들에게 기쁜 성탄이 약속되는 때는 언제인가? 마음의 평화를 느낄 때이다. 우리는 자신이 가질 수 없는 사물을 바랄 때 결코 기쁨을 발견할 수 없을 것이다. 천상병 시인은 다음의 단순한 말로 자신이 이해했던 바를 설명하고 있다.

(……)
가난하고 불쌍한 시인이지만 나는 후회없이 열심히 살고 있다. 사랑이야말로 인생의 행복인 것이다. 나는 가난하고 슬퍼도 행복한 것이다.
그 행복의 결과가 이 시집으로 태어난 것이다.
행복이란 딴 것이 아니다. 언제나 가슴 뿌듯하게 사는 것이 행복인 것이다. 사소한 일에서도 의미를 찾을 수 있고 그리고 기쁨을 느낀다면 그건 행복이다.
내가 그런 것이다. 여러분이 이 시집을 읽고 조금이라도 마음을 홀가분하게 해 주신다면 필자에겐 더한 기쁨이 없겠다. 아무쪼록 시간나는 대로 읽으셔서 기쁨을 억지로라도 찾아주십시오, 하는 게 필자의 바램이자 소망이다.
『천상병은 천상 시인이다』 시집 중에서

결혼 생활 20년 동안 천 시인을 돌보아 준 목순옥 여사의 아름다운 얘기를 여기서 자세하게 언급할 수는 없다. 복음서 안에는 이 여인이 지녔던 관대함과 단순함 그리고 진실된 사랑과 다른 사람의 짐을 대신 지어주는 얘기들이 풍부하게 나오고 있음을 볼 수 있다. 천상병 시인의 삶과 작품 중에서 가장 사랑받는 대표적인 시로는 「귀천(歸天)」을 들 수 있는데, 이는 아직도 그의 미망인에 의해서 운영되고 있는 인사동 카페의 이름이기도 하다.

현실 속의 세상과 인생은 얼마나 아름다운가? 물론 「귀천」은 그가 고문 당하기 전에, 또 몇 달을 정신 병원에서 지내고 건강이 악화되어 몇 년 간 신체적 고통을 당하기 전에 쓴 것이었지만, 그 후에도 그는 자신이 말하고자 한 이 메시지를 결코 버리지 않았다. 인생은 아름다운 것이다!

세상 안에는 세상이 잘못 되어졌다고 분노로 가득차 있는 신자 혹은 다른 사람을 죄인이나 비신자처럼 쉽게 판단해버리는 그리스도인이 있는데, 이들은 결코 세상 안에 있는 아름다움을 볼 수가 없다. 우리는 그들이 하늘에 되돌아 갈 때 무엇에 대해 말할지 궁금하다. 그들은 아마 하늘 나라에서 예수의 발치에 앉아 있는 천상병 시인을 볼 것이고 그 시인이 예수께 그가 살던 옆집 아이들, 집안의 개, 하늘의 구름, 정원 안의 꽃, 그리고 택시 탈 돈이 없어서 버스를 타거나 걸어갔기 때문에 만났던 친구들에 관해서 말하고 있는 것을 발견할 것이다.

한 예술가의 길

구중관(소설가)

　세상을 살다 간 사람들 가운데에는 수많은 예술가와 기인이 있다. 이른바 기인이라는 칭호로 기록되어 전해져오는 사람들은 거의가 예술가이다. 기인의 대열에 오른 사람들의 공통된 특성은 예술가라는 것 말고도 또한 어떤 천재성을 가지고 있었으며 그리고 자신이 살아가는 시대와 불화했다는 것이다. 시대의 대 조류를 거역했으며 상식에 저항하고 규격을 타파했으며 권위를 조롱하고 인습을 하찮게 여겼다. 그래서 그들은 거의 대단한 술꾼이며 익살꾼이며 역설의 대가였으며 시대에 앞선 의식의 소유자들이었으며, 따라서 불우했다.
　오늘날에까지 그 이름과 행적을 전해주는 기인들은 문자를 아는 선비였다. 그러나 이름을 남기지 못하고 세상을 떠나버린 수많은 예술가와 기인들이 있다. 옛날에 동굴이나 석벽에 그림을 남겼던 위대한 화가들, 탑이며 불상이며 여러 조형물을 만든 조각가, 아름다운 집을 지은 건축가, 민요와 노동요의 가사를 지어낸 탁월한 시인들과 곡조를 만든 작곡가들, 무용가와 가수와 배우를 한 몸으로 해낸 무당들, 그들은 글을 아는 선비가 아니었기에 서민들의 입에서 입으로 전해내려오는 노래만이 남아있을 뿐이다.

 텔레비전도 극장도 책도 접할 수 없었던 그 시절의 서민들 삶에서는 골골마다 예인이며 가인이며 우스개꾼이 있어서 예술과 오락을 자체 생산해냈다. 굿이라는 종합예술을 이따금 감상할 수 있었고 마을마다 풍물패가 있었으며 장승이며 솟대 같은 조형물을 예술적으로 잘 만드는 사람, 재미있는 이야기를 잘 지어내고 들려주는 이야기꾼, 사람들을 웃기는 재주가 있는 익살꾼, 그 모든 것을 작은 공동체 안에서 이루어냈다.

 삶을 마감한 사람을 떠나보내는 장례의식은 살아있는 사람들이 어울려 만들어내는 대단한 예술이었다. 밤새워 불러대는 만가 소리는 사람들의 가슴 깊이 스며들었고, 날이 밝아 둥둥 떠가는 꽃상여와 그것을 이끌어가는 앞소리꾼의 사설 독창을 받아 후렴을 합창하는 상두꾼들의 만가소리는 절절한 감동을 주어 삶을 깊이 있게 인식하게 해주었다.

 '이 세상 소풍 끝내는 날/ 가서 아름다웠더라고 말하리라.'

 이렇게 산뜻한 새로운 만가를 지어낸 천상병은 전형적인 지식인으로서 그러니까 선비였지만 그의 삶은 서민 중에서도 상거지였다. 그는 일찍이 시인이었으며 살아있을 때 벌써 기인으로서의 그 행적들이 여기저기 기록되어졌다. 그만큼 그는 기인의 요소들을 분명하게 갖추고 있었다. 천재 문인이었으며 대단한 술꾼에다가 우스개꾼이었으며 파격적인 삶을 살았다.

 '강물이 모두 바다로 흐르는 그 까닭은 /언덕에 서서 / 내가/ 온종일 울었다는 그 까닭만은 아니다.' 이렇게 시작되는 「강물」이라는 제목의 시가 『문예』지에 추천되어 발표된 것이 그의 나이 열아홉 살 때였다. 「나는 거부하고 저항할 것이다」라는 글을 발표하여 평론가라는 이름을 갖게 된 것은 스물한 살 나던 해였다. 이후로 그는 격조 있는 시와 평론을 써내며 일찍이 천재라는 평판을 얻었다. 그러면서 그는 차츰 술에 심취해서 정처 없는 과객이 되었다. 이 집 저 집 떠돌며 먹고 자며 술을 찾아 거리를 헤매는 유랑의 삶에 길들여졌다.

그는 다른 사람들이 그렇게 집착하는 돈 버는 일을 하지 않고 그 대신 아는 사람을 만나면 막걸리 한 잔 값을 얻어내 그걸로 연명하는 생존방식을 택해 살아나갔다. 그가 아는 사람들이란 대부분이 문인들이었는데 그들 또한 대부분이 거지나 다름없었다. 그 때는 글 값이 쌌으며, 그나마 글을 팔아먹을 수 있는 지면이라는 것도 너무 적어 천상병처럼 짧은 글만 쓰고 다른 수입이 없다면 아무리 천재라고 하더라도 굶어죽을 수 있는 시절이었다. 그는 길거리의 삶이 너무 힘겨웠던지 아니면 삶의 철학이 잠시 바뀌었던지 두서너 번 취직을 해서 돈을 벌어본 적이 있지만 얼마 못 가서 그만두고 거리로 나가 본업에 복귀했다. '여비가 없으니 가지 못한다 / 저승 가는 데도 / 여비가 든다면 / 나는 영영 가지도 못하나?' 궁핍에서 우러나온 심경을 그는 삶과 죽음을 결부시켜 해학적으로 관조했다. 돈을 벌지 않기로 작정하고 살아간 그가 상과대학을 다녔다는 것이 또 하나의 아이러니로 여겨지기도 하는데, 훗날 그 선택에 대해서 그는 이렇게 진술했다.

어느 선배가 하는 말이 자기도 고민을 하다가 어떤 방법을 썼노라고 하기에 나도 그렇게 하는 방법밖에 없구나 생각하고 종이에다가

학과를 쓴 다음 둘둘 말아 던진 후 가장 멀리 가는 것을 택하기로 했다. 그것이 바로 상과대학을 가게 된 동기가 되었다.

시대의 대 조류에서 비켜나와 술에 빠져 살아가던 그가 가장 첨예한 시대의 갈고리에 걸려들었다는 것이 어처구니없이 황당한 노릇이지만, 그의 삶을 의미심장한 것으로 만들기 위한 운명의 조화로 여겨지기도 한다. 그에게 막걸리 값을 세금으로 지불해왔던 수많은 사람 가운데 한 사람이 간첩 혐의로 붙들려 갔는데, 그렇게 되자 천상병은 간첩의 공작금을 여러 번 받아먹은 포섭된 동조자가 되고 말았다. 천상병 자신이나 그를 아는 사람들에게는 어이없는 일이었지만 시대의 광기 앞에 속수무책일 수밖에 없었다. 타고나기를 천상 유약한 글쟁이에다가 계속되어온 음주와 궁핍한 생활로 피폐된 그의 육신이 그 폭압의 산실에서 견뎌내기란 몹시도 힘에 부쳤을 것이다. 그는 공포에 질려있었다고 했다. 시대의 최전선에서 활약하는 그 취조관들은 괴상하게 찌든 모습의 서정 시인에게 코미디언 희갑이라는 새로운 이름을 붙여놓고 조롱했다고 한다. 함께 잡혀있었던 사람들의 증언에 의하면 그들은 심심하면 희갑이를 불러내어 위협하여 엄살을 부리도록 하며 즐겼다는 것이다. 시대를 희롱하여야 할 시인이 시대의 앞잡이들에게 희롱 당하는 비극적인 희극이 연출된 것이다.

반 년 동안 갇혀 있다가 거리로 나온 그는 다시 반 십 년의 세월을 행려의 삶으로 떠돌다가 어느 날 서울의 길바닥에 홀로 쓰러지고 말았다. 죽음 길에 들어있는 그 행려병자를 길 가던 사람들이 시립정신요양원으로 떠메다놓았고, 거기에서 그는 삶과 죽음의 경계를 넘나들고 있었는데, 그에게 세금을 바쳐오던 친구들은 나타나지 않는 그를 찾아 여기저기 수소문해도 종적이 묘연하므로 그 동안의 정황을 유추하고, 서로의 심증을 모아, 그는 죽지 않을 수가 없다는 결론에 이르고 말았다. 그리하여 친구 시인들은 그를 기리는 유고시집을 출간하였으니 그것이 『새』라는 제목을 달고 나온 천상병의 첫 번째 시집이다.

　책이 출간된 뒤에야 "나 부활했다. 요놈들아." 목숨이 붙어 갈갈대는 천상병의 몰골을 친구들은 볼 수가 있었다. 마흔 두 살의 그는 몹시도 쇠약하여 쪼그러들어 있었지만, 그래도 천만다행으로 천생연분이 찾아들었다. 훗날 그가 나의 수호천사라고 표현한 목순옥에게 장가를 가게 된 것이었다. 수호천사가 노동하여 벌어온 돈으로 근근이 끼니와 잠자리를 이어나가며 천상병은 응석받이가 되어 살아나갔지만, 술과 궁핍과 병마와 시대의 폭압에 일그러진 그의 육신은 회복되지 못했고, 그의 정신 속에 깃들어 있던 천재성까지 새처럼 날아가 버린 것 같았다.

　젊은 날의 그는 시인이며 평론가이며 수필가로서 대단한 문장가라는 평을 얻었는데, 그 즈음에 이르러서는 이십대 때의 그 세련되고 정제된 문장은 나오지 못하고 서툴게까지 느껴지는 글을 쓰고 있다고 사람들은 아쉬워했다. 어떤 이는 그가 기교를 넘어선 무작위의 순박성에 이르렀다고 했고, 또는 예술의 또 다른 경지인 동심의 세계에 귀의했다고 의미부여를 하기도 했지만, 아무튼 그가 젊은 날에 가지고 있던 그 문학적 재능은 볼 수가 없다는 데에 대부분이 동의하고 있었다. 결혼한 다음 해에 자신의 이야기를 쓴 글에서 그는 이렇게 말하고 있다.

"내가 이십대 삼십대 때에 마신 술이 나에게 하나님이 주신 복을 하나씩 하나씩 추방한 모양이다. 지금 생각하면 억울하기 짝이 없다. 한없이 억울하다." 그리고 이태 뒤에는 또 "이제 나의 그리움은 평범한 생활인에 있게 되었다" 라는 말로써 끝맺는 글을 발표했다. 보통 사람은 일찍이 알게 되는 것을 그는 늦게야 깨닫게 되었지만 그래도 다행스러운 일이었다.

그의 삶은 평범한 생활인으로 되었지만, 왜곡되어버린 그의 몸은 결코 평범해지지 않았다. 그의 몸에서 가장 적게 찌그러든 데가 있다면 그것은 본래부터 유난히 돌출해 나온 앞 이마였다. 불쑥 솟은 이마에 짓눌린 듯 얼굴은 우그러져 있었고, 말라비틀어진 몸이며 팔 다리는 익살스럽게 보이기도 했다. 어디 먼 별 나라에서 지구로 소풍 나온 존재 같기도 했는데, 그의 세상 소풍이 무척이나 힘겨웠음을 이야기해주는 것 같은 모습이었다.

나중에는 마른 몸에 이마뿐 아니라 배까지 불쑥 튀어나오게 되고 다리가 힘을 못 써 보통의 사람이면 한 발짝이면 내딛을 수 있는 거리를 열 발짝으로 자작자작 간신히 움직여 가야 했는데 그래도 사람들과 담소하기를 즐겨했다. 그와 이야기하다 보면 여전히 그는 세상을 아름답게 생각하고 있음을 느낄 수 있었다. 그는 평범한 생활인이 되고 싶어 했지만 어쩔 수 없이 다른 사람들에게는 그 모습만으로도 천상 병자라기보다는 천상 기인이었다.

그가 아내가 경영하는 인사동의 작은 찻집에 나와 앉아있으면 자칭 타칭 기인이라 하는 자들이 간혹 찾아든다. 흠모하는 마음에서 알현하고 싶었던지 아니면 한번 겨루어 보려는 심산이었는지 모르지만,

아무튼 그들은 치장이 유별났다. 개량한복이나 누더기든지 개성 있는 옷을 입고 머리칼은 길든지 깎았든지 여하튼 무늬부터 남달랐다. 그렇게 무장을 하고 있었지만, 가장 평범한 생활인 차림을 하고 있는 천상병을 마주하면 그들은 색이 바래고 기가 꺾이는 걸 다른 사람도 느낄 수 있었다. 지독하게 찌들어버린 천상병의 모습을 보면 그들은 도저히 자기들로서는 흉내 낼 수 없고 아무리 노력해도 저런 몰골이 될 수 없다는 절망감을 느끼는 것 같았다. 천상병은 행위예술의 어떤 몸짓을 하지 않아도 그 자체로 기이한 예술이 되어 있었다.

기록으로 남아있거나 이야기로 전해져오는 전 시대의 기인들은 인습에 얽매이지 않고 상식을 벗어나는 멋진 행위를 서슴없이 자행하여 그 향훈을 오늘에까지 전해주기도 하지만, 그 가운데 상당수는 제멋대로 꼴리는 대로 놀아나며 포악을 부리고 남을 골탕 먹이고 나아가서 거짓말까지 서슴없이 해서라도 제가 갖고자하는 것을 얻고, 그런 악취 풍기는 짓거리를 자행하기도 하였으니, 그것은 다만 나쁜 놈의 짓이요 범죄자이며 사기꾼의 행위일진대, 그가 예술가이거나 천재였거나 기인이라고 해서 그따위 못된 짓마저 구차스럽게 의미를 붙여 미화시켜놓는 것을 흔히 볼 수 있어서 평범한 생활인을 불쾌하게 하고 있다. 하지만 천상 어린애 같았던 천상병은 그런 악취를 남기지 않았다. 특유의 애교로 다른 사람을 즐겁게 해주었고, 다만 자신을 망가트렸을 뿐이다. 그래서 우리 시대에 우리는 향기로운 기인을 갖는 행복을 누리게 되었다.

천상병이 젊은 시절에 소설가 한무숙의 집에 사랑방손님으로 기거하고 있을 때, 부자였던 그 집에는 50년대의 그 시절에 프랑스 향수가 있었다. 그 시대 대부분의 사람이 그랬겠지만 천상병도 향기로운 양주라는 것이 있다는 생각밖에 못했기에, 커다란 향수 한 병을 모두 마셔버렸다고 한다. 나중에 천상병은 이렇게 말했다.

"한무숙 선생에게 야단은 맞았지만, 그 뒤로 오래도록 방귀를 뀌면 향기가 방 안에 그득했지."

방귀의 향기야 그리 오래 가지 않았겠지만, 천상병 그가 남긴 아름다운 시와 행적, 그 향기는 오래도록 그의 소풍 자리에 남아있으리라.

하늘로 날아간 새의 시인 천상병

민 영(시인)

> 외롭게 살다 외롭게 죽을
> 내 영혼의 빈 터에
> 새날이 와, 새가 울고 꽃잎 필 때는,
> 내가 죽는 날
> 그 다음날.

천상병의 시「새」의 앞부분이다. 천상병이 하늘로 날아 간 지도 어느덧 13년 세월이 지나갔다. 살아생전에 새처럼 훨훨 자유롭게 살기를 바랐던 이 영원한 떠돌이는 그가 남긴 시처럼 '외롭게 살다 영혼의 빈터에 새날이 와, 새가 울고 꽃이 필 때' 미련없이 저 세상으로 돌아간 것이다.

괴짜시인과의 인상적인 첫 만남

이런 천상병을 처음 만난 것은 1953년 부산 피난 시절이었다. 전쟁의 대포 소리에 놀란 서울사람들이 기차를 타고 남쪽으로 내려갔을 때 부산 광복동에 있는 〈금강다방〉에서 만난 것이다. 그는 이때 신출내기 시인이었음에도 당대의 유명한 문인들과 나란히 앉아 있었다. 의자가 몇 안 되는 좁은 공간이라 그랬겠지만 소설가 김동리, 평론가 조연현, 시인 김구용 등과 마주앉은 그의 모습은 아주 그럴 듯해 보여서 젊은 우리들에게는 선망의 대상이었다.

사실 천상병은 빵떡모자를 쓴 중학생 때 문단에 나온 귀재였다. 이 무렵 『문예』에 추천을 받은 「강물」이란 시는 그가 얼마나 조숙한 문학청년인지를 말해주고 있다.

지금 읽으면 문학청년의 낭만적인 감성과 치기 같은 것이 느껴지기도 하는 시지만, 천상병처럼 한창 젊은 나이였던 우리에게는 이 시가 무척 마음에 들고 아름다워 보여 그 자리에서 외워버렸던 것이다. 그런데 시도 좋지만 천상병의 매력은 뭣보다도 그의 거침없는 말과 행동에 있었다.

마산중학을 나와 서울대학교 상대를 다니다 말았다는 이 괴짜시인은 왜 대학공부를 그만두었느냐는 물음에 "뭐 배울 게 없어요. 배울 것이 있어야 다니지요" 했던 것이다. 정말인지 아닌지는 모르겠으나 매우 멋지고 신선하게 들렸다.

천상병의 '동가식서가숙' 하는 버릇도 이때부터 생긴 걸로 알고 있다. 워낙 떠돌아다니길 좋아하는 그는 일정한 거처 없이 이 집에서 얻어먹고 저 집에서 자는 일을 반복했다. 그리고 호주머니 속에 돈이 없으면 선배든 친구든 가리지 않고 서슴없이 손을 내밀어 "백 원만 주시오" 했던 것이다. 백 원은 당시에 막걸리 한잔 값이었다.

어쩌면 천상병은 이 골치 아픈 통속적인 세상과는 도저히 화해할 수 없는 품성과 용모를 가진 사람처럼 보였다. 그의 진흙 빛 얼굴은 도공이 그릇을 빚다가 내던진 흙덩이 같았고 — 이 표현에 내가 사랑하는 천상병 시인이 상처 입지 말기를 — 그의 몸뚱이는 한쪽으로 약간 기운 것이 균형이 안 잡힌 절굿공이 같았다. 만년에는 휘어진 지팡이처럼 오른쪽으로 기우뚱하고 인사동 길을 다녔으니까.

그러나 우리는 시인을 이 세상에 내보내신 조물주의 뜻을 잘 살펴야 한다. 시인의 모습은 결코 얼굴만 반주그레하게 잘생긴 삼류 배우여서는 안 된다. 그런 개성 없는 속물적인 용모로는 위대한 시인이 되지 못한다. 독일의 시인 니체를 보라, 『차라투스트라』를 쓴 그의 얼굴은 미남은커녕 추남의 전형 같지 않는가?

천상병은 모든 사람이 싫어하고 두려워하는 '가난'을 천직으로 여기고 살다갔다. 나는 그가 돈을 모아 은행에 저축했다는 얘기를 들은 적이 없고, 주머니 속에 술 한 잔 마실 돈, 담배 한 갑 살 돈만 있으면 언제나 껄껄껄 웃으면서 다녔다는 말을 들었다. 그는 적은 것만으로도 만족할 줄 아는 미덕을 가진 천성의 낙천주의자였던 것이다. 그런 돈도 친구나 이웃들에게 손을 내밀어 구걸한 것이지만, 주위에 자기보다 못한 사람이 있으면 거침없이 "너 가져" 하고 내주었단다. 그래선지 그에게는 가난을 노래한 시가 여러 편이 있다.

점심을 얻어먹고 배부른 내가
배고팠던 나에게 편지를 쓴다.
옛날에도 더러 있었던 일

그다지 섭섭하진 않겠지?

「편지」 앞부분

이 시는 모처럼 남한테 점심을 얻어먹고 행복해진 시인이 배고팠던 '나'에게 옛날에도 이렇게 배고픈 적이 있었으니 섭섭해하지 말라고 달래는 내용이다. 이 얼마나 순진 무구한 발상인가!

살과 뼈가 기억하는 진실과 고통

한데, 날벼락 같은 재앙이 떨어졌다. 소위 '동백림학생간첩단사건'에 연루되어 중앙정보부로 끌려간 것이다. 죄목은 북한 간첩의 보조원. 김형욱이란 사람이 정보부장으로 있을 때이니 1960년대 후반의 어느 날로 기억되는데, 동독여행을 한 서독 유학생들의 사진과 함께 천상병의 얼굴이 찍혀서 신문에 난 것이다. 어처구니가 없었다. 저 철없는 떠돌이 모주꾼이 간첩이라니! 그럼에도 이문동으로 잡혀간 천상병은 모진 고문을 당했다는 것이다. 하기야 그것을 내 눈으로 보지 않았으니 단정할 순 없지만, 당시의 정치적 상황으로 봐서 이 섬약한 시인이 몹쓸 일을 당한 것만은 분명하다.

이젠 몇 년이었는가
아이롱 밑 와이셔츠같이
당한 그날은……

이젠 몇 년이었는가
무서운 집 뒤 창가에 여름 곤충 한 마리
땀흘리는 나에게 악수를 청한 그날은……

내 살과 뼈는 알고 있다
진실과 고통
그 어느 쪽이 강자인가를……

내 마음 하늘
한편 가에서
새는 소스라치게 날개 편다.

  이 역시 '새'라는 부제가 붙은 「그날은」이란 시다. 중앙정보부 독방에 갇혀 있을 때 쓴 것인 듯한데. 무서운 집 창가에 날아와 앉은 곤충─귀뚜라미가 아니었을까?─에게 다리미 밑에 깔린 와이셔츠처럼 당한 날의 이야기를 말해주고 위안을 청한다. 귀뚜라미가 뭐라고 했는지는 시에 써있지 않아 모르지만 그 뒤에 이어진 시인의 결의가 우리의 옷깃을 여미게 한다. '내 살과 뼈는 진실과 고통/그 어느 쪽이 강자인가를 알고 있다'는 것이다. 이것은 보통 무서운 말이 아니다.
  사건의 진상(진실)은 이러하다. 천상병이 상과대학에 다닐 때 K라는 동창생이 있었는데, 부잣집 아들인 K가 독일 유학을 다녀왔다. K는 가난한 시인이 된 친구를 위해서 명동으로 나올 때마다 용돈(술값)을 주었는데 그것이 포섭 자금이었다는 것이다. K가 서독에 있을 때 경계선을 넘어 관광차 동베를린을 구경하고 온 일이 있는데, 유럽에서는 죄가 되지 않는 그 여행이 KCIA의 그물에 잡혀서 북한대사관 사람과 접선한 간첩으로 낙인이 찍혔던 것이다. 간첩 혐의자에게 돈을 받았으니 천상병도 영락없이 간첩보조원이 되었고, 꽤 오랫동안 정보부에서 고초를 겪지 않을 수 없었다. 우리는 이 조작된 사건을 절대로 믿지 않았다. 혐의 없음이 밝혀진 천상병도 얼마 후에 풀려났지만 이때부터 시인은 말수가 적은 우울한 사람이 되고 말았다. 그토록 명랑하던 사람이……. 그의 시에 '죽음'에 대한 생각이 내비치기 시작한 것도 이 무렵부터의 일이다.

세상에서 제일 평화로운 임종

천상병이 세상을 떠나던 해 봄에 인사동 〈귀천〉 찻집에 들른 나보고 그의 아내 목순옥 여사가 주소를 가르쳐달라고 말한 일이 있다.

"주소는 알아서 뭣 하려우?" 하고 물었더니 "우리 천 선생이 민 선생한테 편지를 보내겠대요" 하고 대답했다.

"그것 참 희한한 일도 다 있군" 하고 찻집을 나왔지만, 뭔가 찜찜해서 견딜 수가 없었다. 그는 이제까지 40년 동안 나에게 엽서 한 장 보낸 일이 없었는데 사람의 마음이 갑자기 달라지면 이상한 일이 생긴다는데…… 하는 생각이 들었던 것이다. 결국 나는 천상병의 마지막 글(유서)을 받아보지 못한 채 미국여행을 떠났으며 로스앤젤레스에 있는 친구의 집에서 국제전화로 부음을 들었다. 얼마 동안은 가슴이 아리듯 서운하고 아뜩한 느낌이 들었다. 그러나 나는 곧 시인의 임종이

더없이 평화로웠다는 얘기를 듣고는 벌떡 일어나서 미친 듯이 소리쳤
다. "괜찮다, 괜찮다, 다 괜찮다!" 이것은 천상병의 산문집 제목인데
그의 아름답고 당당했던 낙천주의가 그 밑에서 깔려 있는 말이었던
것이다.

    태고적 고요가
    바다를 딛고 있는
    그곳.

    안개 자욱이
    석유 불처럼 흐르는
    그곳.

    인적 없고
    후미진
    그곳.

    새 무덤
    물결에 씻긴다.

                                 「진혼가」 전문

천진성, 빗장을 열고 맨발로 다가오는

정진규(시인)

골목에서 골목으로
저기 조그만 주막집.
할머니 한 잔 더 주세요,
저녁 어스름은 가난한 시인의 보람인 것을……
흐리멍텅한 눈에 이 세상은 다만
순하디순하기 마련인가,
할머니 한 잔 더 주세요.
몽롱하다는 것은 장엄하다.
골목 어귀에서 서툰 걸음인 양
밤은 깊어가는데,
할머니 등 뒤에
고향의 뒷산이 솟고
그 산에는
철도 아닌 한겨울의 눈이 펑펑 쏟아지고 있는 것이다.
그 산 너머

쓸쓸한 성황당 꼭대기,
그 꼭대기 위에서
함빡 눈을 맞으며, 아기들이 놀고 있다.
아기들은 매우 즐거운 모양이다.
한없이 즐거운 모양이다.

— 천상병,「주막에서」전문

 천상병 시인이 그립다. 그의 또 다른 시「歸天」에서 그가 '나 하늘로 돌아가리라. 아름다운 이 세상 소풍 끝내는 날, 가서, 아름다웠다고 말하리라'라고 노래했던 것처럼 그는 그렇게 무구한 삶을 무구하게 살다 갔다.
 그 무구함 때문이었겠지만, 그의 시보다도 그의 일상적 삶에서 보이는 일화성, 기행성에 더 많이 갇혀 있었던 그, 아니 그 자신은 그런 갇힘마저 의식하지 못했을 것이다. 그렇게 그는 자유로웠을 것이다. 그가 숱하게 뿌렸던 그 기행과 일화들도 이제는 진행형이 아니다. 그가 의식했든 아니했든 그것들로부터도 자유로워졌다. 그는 지금 완전한 자유로움의 나라, 하늘나라에 계시다.
 1950년『문예』에 처음 작품을 발표하면서 시작(詩作) 활동을 전개해온 그는, 시집으로『새』,『酒幕에서』,『천상병은 천상 시인이다』,『저승 가는 데도 여비가 든다면』,『歸天』등의 시집과 산문집 한두 권을 남기고 있다.
 이 시대의 우리에게 저러한 천상병의 무구한 삶과 시는 무엇인가.
 천상병을 다음과 같이 적은 글이 있다.

무구한 것들은 인간의 말에 의하여 훼손되거나 엉터리로 규정되지 않는 지복(至福)을 누릴 권리가 있을 터인데, 천상병의 웃음소리와 그의 입가의 침버캐와 그의 주머니 속의 천 원짜리 두 장이 그러하다. 그것들이 모두 합쳐져서 이루어지는 천상병은 '백치 같은'이라고 말해야 할 무구함과, 이 세상을 향해 자기 자신을 완벽하게도 열어버리는 놀라운 개방성 위의 자유인이다. 그는 그 개방성과 무구함 위에서 자유롭지만, 바라보는 나에게는 그 자유는 멸종 위기의 자유이고 멸종 위기의 슬픔이다.

— 김 훈, 「아름다운 운명」에서

구체적인 사례를 들먹이지 않더라도 천상병이 어떤 모습의 시인이었던가를 이내 확인할 수 있게 하는 한 대목이다. 이 시대의 삶이라는 굴레 안에서 본다면 그는 확실히 별종이다. '이 세상을 향해 자기 자신을 완벽하게 열어버리는' 저 개방성 앞에서 어떤 이는 희화를 읽고 가고, 또 어떤 이는 금치산의 황폐를 읽고 가기도 했으리라.

그러나 그것은 천만에! 희화도 황폐도 절대 아닌, 우리가 아득하게 잃어버린, 그 소중함마저도 까맣게 잊은, 속살 그대로의 세계가 거기 놀랍게도 펼쳐져 있음을 발견했어야 옳을 것이다.

오늘의 우리 삶은 '빗장'을 겹겹으로 닫아걸고 있다. 그것도 모자라 무슨 강력한 쇠붙이의 자물통 같은 것으로 주먹 쥐어 보이면서 '접근 절대 금지'라고 위압적인 포즈를 한껏 지어보이고 있다. 그것이 이 시대에 살아남을 수 있는 최상의 포즈인 것으로 착각하고 있다. 그런 만큼 우리 삶이 외압에 시달리고 있기 때문일 터이다. 그렇게 하지 않고서는 저들이 무서운 속도로 우리들이 비워 둔 자리를 강타하거나 강탈, 강점해 버린다는 것을 너무나도 잘 알고 있기 때문이다. 물론 우선은 이래야 살아남을 수 있으리라. 그러나 이 같은 포즈는 뒤집어 생각하면 위험하기 이를 데 없는 경직의 그것이며, 완전 노출의 그것이다. 상황이 왔을 때 탄력을 잃고 부러지기가 쉬우며, 적의 표적이 될 수 있는 포즈임을 또한 알아야 한다.

이러한 면에서 본다면 천상병의 저 개방성은 자신만의 개방이 아니라 모든 것에게 자신의 자리를 내어주는 절대적인 포용성으로 읽혀져야 하리라. 거기엔 단절도 소외도 어떤 전략적 투쟁도 있을 수가 없다.

우리는 이를 일러 '천진성'이라 말하기도 한다. 이 천진성은 일찍이 서구 낭만주의 시인 워즈워드가 '어린이는 어른의 아버지'라고 말한 시행에서 아주 극명하게 집약된 바 있다. 이 역설은 바로 그러한 천진성이 지니는 절대적 포용성, 그 순수한 바탕을 지적한 말에 다름 아닐 것이다.

앞의 시에서도 시인은 그 천진성을 나타낸 표상 중의 표상이라 할 수 있는 아기들을 떠올리고 있다. 그리고 역시 순수공간인 고향 뒷산을 그 배경으로 놓고 있다. 거기에 또한 순백의 눈이 내리고 있다. 이러한 공간과 거기서 놀고 있는 아기들이 누구도 열지 못한 우리들 삶의 빗장을 열고 맨발로 다가오고 있음을 우리는 감지한다.

우리는 순간 모든 것으로부터 자유로워질 수 있다. 우리의 의식은 한껏 상승되고 가슴에 이는 즐거움의 물살 속에 맨몸으로 들어가 앉아있는 자신을 발견한다. 평화롭다. 어쩔 수 없이 또 곧바로 불행한 현실의 굴레 속으로 돌아갈 수밖에 없는 불안을 한 켠에 세워두고 있지만 이 순간만은 행복하다. 알고 보면 이러함이 우리들을 현실적 좌절로부터 막아주는 위대한 저력이라는 사실을 긍정할 필요가 있다.

그래서 시인은 '몽롱하다는 것은 장엄하다'고 쓰고 있다. 여기서 몽롱하다함은 일차적으로는 한 잔 술에 취한 상태를 의미하지만, 세상으로부터 초월한 상태를 말할 수도 있다. 천진성이다. 그렇다. 가장 연하고 약한 것이 가장 단단하고 강할 수 있다는 논리로 우리의 삶을 들여다 볼 때, 보이지 않던 또 하나의 공간이 장엄하게 거기 펼쳐져 있음을 우리는 만날 수도 있을 것이다.

소풍이 끝나고…

외롭게 살다 외롭게 죽을
내 영혼의 빈 터에
새날이 와, 새가 울고 꽃잎 필 때는,
내가 죽는 날
그 다음날.

살아서 좋은 일도 있었다고
나쁜 일도 있었다고
그렇게 우는 한 마리 새.

「새」 중에서

소풍 끝난 뒤

배평모(소설가)

─문디 자슥, 문디 자슥. 배평모 니 뭐하로 왔노? 니 올 때는 아직 멀었는데…….

─선생님, 세상에서 소풍 끝내고 하늘에서 어떻게 지내시는지 취재하러 왔습니다.

─문디 자슥 지랄하고 자빠졌네. 지랄하고 자빠졌네. 그라모 니가 하늘나라 특파원이란 말이가?

─그런 셈이지요.

─아하하하. 하늘나라 특파원이라고? 그라모 올 때 뭐타고 왔노?

─선생님 오실 때 타고 오신 거요.

─나는 저승 오는 여비 장만하느라고 내 아내 고생만 시켰는데 니는 특파원으로 왔으니 여비 걱정은 안 했겠네.

─물론이지요. 특파원이 여비 걱정하는거 봤습니까?

─여비 두둑히 받아 왔으모 나머지는 세금 내놔라.

─어디 쓰시게요?

─내 아내한테 송금할란다.

─선생님 오실 때 이 세상 어떤 부자보다 노잣돈 많이 가지고 오셨는데, 그럼 쓰시고 남은 것 송금 하셨나요?

─문디 자슥아, 문디 자슥아. 내 본업이 시인이었고 부업이 가난이었는데 무신 노잣돈을 많이 갖고 왔단 말이고?

─천 선생님 노잣돈 많이 가지고 가셨다는 얘기 신문에도 나고 잡지에도 났었는데요.

─내는 모른다. 내는 모른다. 빈 몸만 왔다. 빈 몸만 왔다.

─그게 어찌된 일인가 하면요, 천 선생님 떠나시자 부의금이 팔백만 원 가량 들어왔거든요.

─아하하하. 그래 많이 들어 왔드나? 내 아내한테 큰 도움이 되었겠다. 아하하하, 참말로 고마운 분들이다. 고마운 분들이다.

─그렇게 좋아라 하실 일이 아닙니다. 그 돈을 노광래 군이 목 여사님께 드렸거든요. 목 여사님은 그 돈을 장모님께 잘 맡아두시라고 맡기셨어요. 장모님께서는 어디 두면 안전할까 하고 생각하신 끝에 신문지에 싸서 연탄아궁이에 넣어두셨어요. 밑에 있는 연탄재 위에다 돈을 놓고 새 연탄을 올려놓았으니 아무리 돈 냄새 잘 맡는 도둑이라도 찾아내지 못할 만큼 깜쪽같았지요. 그런데 문제는 새벽에 생긴 겁니다. 선생님이 거처하시던 방에서 비통하고 절절한 마음 때문에 잠 못 이루시던 목 여사님이 으슬으슬 한기까지 들어서 방이라도 따뜻하면 낫겠다 싶어서 새 연탄을 들어내고 불붙은 연탄을 올려놓으신 겁니다. 캄캄한 신새벽이라 아궁이에 무엇이 들어있는 줄 전혀 못 보신 겁니다.

─그라모 그돈이 다 타버렸단 말이가?

―그렇죠. 다 타버렸지요. 아침에 목 여사님이 장모님께 돈 어디 두셨냐 물으니까 연탄아궁이에 잘 뒀다 하시는 말씀을 듣고 황급히 가서 불붙은 연탄을 들어내고 보니 이미 재가 된 후였습니다.

―문디 가시나, 문디 가시나. 지가 잘 갖고 있을 일이지 늙은 엄마한테 와 맡기노. 와 맡기노. 그 돈이 얼마나 큰돈인데……

―그런데 마침 조카 영진이가 신문에서 불난 집에 현금이 탔을 경우 비록 재가 되었더라도 형체를 고스란히 은행에 가지고 가면 전부는 아니더라도 어느 정도까지는 보상을 해준다는 기사를 읽은 것을 떠올렸어요. 광래 군하고 윤섭 군이 그 재를 고스란히 들고 한국은행을 찾아갔어요. 천 선생님 부의금이라고 하니까 은행 직원들이 부조하는 마음으로 세심하게 헤아려서 4백만 원 가량을 돌려받았어요.

―그라모 내가 4백만원이나 되는 돈을 노자로 썼단 말이가?

―그렇지요. 「소릉조」라는 시에 '저승가는 데도 여비가 든다면 나는 영영 가지도 못하나?' 라고 걱정을 하시더니 결국은 두툼하게 지니고 오셨잖습니까?

―문디 자슥아, 문디 자슥아. 언제 내가 갖꼬 왔나? 불에 타버렸제……. 참, 배평모 니 언젠가 내 대신 세금 걷어서 일할은 니가 갖고 나머지는 내 통장에 넣어준다 캤제? 가거든 천상병이한테서 세금 징수원 자격 받아왔다 카고 세금 많이 걷어라. 그래서 내 통장에 넣지 말고 내 아내 통장에 넣어라.

―저보고 세금만 더 많이 내라고 하시면서 싫다고 하셨잖아요.

―아이다, 아이다. 이제 대신 걷어도 된다. 걷어도 된다.

―생각해 볼게요.
―문디 자슥아, 문디 자슥아. 생각은 무신 생각. 잔소리 말고 많이 걷어라.
―천 선생님 팔아서 세금 걷으면 사기꾼 소리 듣기 딱 알맞겠네요.
―그라모 광래하고 의논해 봐라. 광래가 옆에서 거들면 사기꾼이라 안할끼다. 참, 광래는 장가 들었나? 내가 여기 오기 2년 전 그 해에 장가들면 오십만원 준다고 했는데 바보 같이 장가도 못가고, 장가도 못가고.
―선생님 떠나신 지 2년 후에 장가들어서 벌써 애가 셋이나 됩니다.
―그거 참 잘됐다. 그거 참 잘 됐다. 니 세금 많이 걷어서 내가 주마고 했던 오십 만원 광래 통장에 넣어줘라.
―목 여사님이 벌써 선생님 대신 주셨어요.
―그랬나. 내 아내는 물질은 가난해도 마음은 부자다. 마음은 부자다.
―선생님, 마누라 자랑하면 팔불출이란 거 아시지요?
―시끄럽다. 문디 자슥아. 내 아내는 마음은 부자다. 내 아내 마음은 부자다.
―그럼요. 목 여사님 마음은 정말 부자지요. 제가 천선생님한테 간다고 하니까 여비에 보태 쓰라고 하시면서 두툼한 봉투를 주시던데요.
―문디 자슥, 문디 자슥. 와 내 아내 주머니까지 축내고 왔노? 문디 자슥, 문디 자슥.
―싫다는 데도 막무가내로 주시던데요.
―그래도 받지 말아야지. 받지 말아야지. 문디 자슥 문디 자슥…….

내 아내는 잘 지내나?

―잘 지내고 말고요. 얼라 같은 선생님 수발에서 해방 되셨으니 얼마나 편하겠어요. 중국으로, 미국으로 훨훨 날아다니십니다.

―문디 가시나, 문디 가시나. 뭐 좋다고 온 천지로 돌아댕기노?

―가끔씩 멋진 신사분 에스코트도 받으시는 것 같던데요?

―뭐라꼬? 뭐라꼬? 멋진 남자랑 같이 댕기드라꼬? 문디 가시나 문디 가시나.

―그럼요. 참 잘어울리던데요.

―이 문디 자슥, 이 문디 자슥. 내 약올릴라꼬 거짓말 하고 있제? 거짓말하고 있제? 내 아내는 절대로 안 그럴끼다. 절대로 안 그럴끼다. 내 아내는 천상병이밖에 모른다. 천상병이밖에 모른다.

―그럼 선생님은 왜 옛 애인에게 편지까지 쓰셨나요?

―문디 자슥아, 문디 자슥아. 내가 언제 연애편지를 썼단 말이고?

―변인호라는 분에게 쓰시지 않았나요?

―뭐라꼬?……. 니가 우째 그 사람을 아노?

―거 보세요. 금세 얼굴빛이 달라졌잖습니까?

―니 혹시 그 사람 만났더나?

―아직도 그 분 사랑하세요?

―문디 자슥아. 문디 자슥아. 그 사람 만났더냐고 안 묻나?

―글쎄요. 만났다면 만났고, 안 만났다면 안 만난 거지요.

―문디 자슥아, 문디 자슥아. 그런 대답에 어디 있노? 만났으면 만난기고 안 만났으면 안 만난 기제. 그런데 니가 우째 그 사람을 아노?

―아니까 아는 거지요. 모르는데 어찌 알겠습니까?

―문디 자슥 지랄하고 자빠졌네. 지랄하고 자빠졌네.

―전 계속 지랄하고 자빠질 테니 더 이상 그 분 얘기 제게 묻지 마십시오.

―이 문디 자슥. 생전에도 내 약을 잘 올리더니 여기까지 와서 또 약올리고 자빠졌네.

―전 지금 지랄하고 자빠졌지 약올리고 자빠지지 않았어요.

―이 배평모 문디 자슥아. 지랄하고 자빠지든, 약올리고 자빠지든 간에 니가 변인호 그 사람을 우예 아노 말이다.

―선생님이 1988년에 출간하신 『나 하늘로 돌아가리라』라는 산문집 있잖습니까? 그 책에 실린 「옛 애인에게 보내는 편지」라는 글을 보고 알았습니다.

―그라모 그렇제. 니가 우째 그 사람을 알끼고. 그 사람은 내 마음 속에 핀 꽃이다. 무신 말인지 알겠나?

―알 것 같은데요? 그럼 목 여사님은?

―내 아내는 꽃보다 더 예쁜 여자다.

―마음에 핀 꽃 같은 분하고 꽃보다 이쁜 목 여사님은 어떻게 다른데요?

―문디 자슥아. 소설 쓴다는 놈이 그것도 모르나?

―이제 소설 안 씁니다. 작가폐업하고 〈작가폐업〉이라는 카페 하고 있습니다.

―아하하하. 작가폐업이라고? 아하하하, 문디 자슥, 니 언제 허가 받고 작가했드나? 작가폐업? 아하하하······.

―그건 그렇고 마음에 핀 꽃 같은 분하고 꽃보다 이쁜 목 여사님은 어떻게 다른데요?

―마음에 핀 꽃은 존재로만 기억되는 향기 없는 꽃이다.

―꽃보다 이쁜 목 여사님은요?

―내 아내에게서는 사시사철 향기가 났지. 나는 그 향기 때문에 행복했고 소풍이 즐거웠다.

―그래도 변인호라는 분을 못 잊어서 공개적으로 편지까지 쓰셨잖아요.

―그 사람은 유명한 국회의원이었던 박순천 여사의 외손년데 피난 시절 부산 대청동에 있던 미국 대사관 도서실에서 처음 만났다. 내가 서울 대학교 상과 대학 2학년이었고, 그 사람은 여고생이었다. 환도를 해서 서울 동숭동 문리대에서 그 사람을 다시 만났는데 말도 한번 못 붙이고 짝사랑만 했다. 그러다 얼마 안 돼서 그 사람이 미국으로 유학을 떠난 후로는 한번도 못 만났다.

―목 여사님은 언제 만나신 겁니까?

―내 아내는 1955년 명동에 있는 〈갈채다방〉에서 아내의 오빠이자 내 친구인 목순복이와 황금찬 시인이랑 함께 처음 만났다. 그 때 내 아내도 여고 2학년이었다. 내 아내는 이 천상병이만을 위해서 핀 꽃이다.

―그럼 천 선생님은 목 여사님께 어떤 존재인가요?

―문디 자슥아. 그건 내 아내한테 물어봐라.

―참, 선생님이 엄마요, 엄마요, 하고 부르시던 장모님께서는 올해로 아흔 일곱이 되셨습니다. 아직도 정정하세요.

—벌써 그리 되셨나? 우리 엄마 백수는 하실끼다. 엄마요, 엄마요. 백수까지 건강히 계시다 하늘로 오이소. 이 사위가 잘 모실께요. 잘 모실께요.

의정부 수락산 언저리에 있는 천상병 시인의 묘소 주변에 있는 배밭에는 배꽃이 흐드러지게 피어 있었다. 13년 전, 이 세상 소풍 끝내고 하늘로 귀천하는 시인을 영결하던 날도 배꽃이 흐드러지게 피어 있었다.

시인은 이 세상에서의 삶을 소풍 온 아이처럼 즐거이 보내다 하늘로 귀천했다. 본업이 시인이고 부업이 가난이라고 자처할 만치 궁핍이 그림자처럼 따라다녔지만 시인의 정신에 어두운 그늘은 없었다. 몇차례 혹독한 병마가 해일처럼 가혹하게 시인을 덮쳤지만 끝내 쓰러지지 않고 일어섰다. 독재의 주구들이 시인을 '아이롱 밑의 와이셔츠'처럼 모질게 짖밟았지만 육체와 정신 어느 쪽이 강자인가를 보여주기라도 하듯, 그 야만의 폭력에도 꺾이지 않았다.

시인이 쉰여섯 되던 해, 부산에서 온 어느 시인이 쉰여섯에서 쉰을 뺀 여섯 살 어린애 같은 분이라고 했던 것처럼 시인은 어린아이와 같은 무애한 삶을 살았다. 가난과 병마와 질곡의 세월도 시인의 무구한 정신을 흐트려 놓지 못했다.

시인이 이 세상 소풍 끝내고 하늘로 귀천한 지 13년, 시인과 같은 시대를 살았던 사람들은 시인을 잊지 않고 있다. 아니 잊지 못하고 있다. 그리고 뒤에 태어날 사람들 또한 시인을 기억할 것이다. 시인의 시를 읽는 사람이라면······.

수락산 기슭, 시인이 잠든 묘소에는 산당화가 다소곳이 피어있었다. 명자화 또는 애기꽃이라고도 불리는 그 산당화는 보기 드물게 흰색이었다. 매화를 닮은 작은 꽃송이들은 하나같이 목 여사의 얼굴을 닮아 있었다.
　시인을 생각하는 미망인 목순옥 여사의 절절한 마음을 그 꽃들도 알고 있었음일까?

귀천 그리고 천상병 선생님

임계재(중어중문학자)

길을 서둘러야 했다. 더 이상은 버티지 못할 것이라는 인사동 제자 백가의 말씀에 무너지는 가슴으로 춘천으로 길을 잡았다. 동동거리며 서울과 춘천을 오가는 아내 목순옥 여사를 두고 목소리 큰 천 선생님이 떠나실 모양이었다. 〈귀천〉은 젊은 천상병, 중년의 천상병을 잘 안다는 사람으로 북적거렸지만 그들의 주장대로 잘 알아진 천 선생님은 내가 쉽게 찾아가기도 어려운 곳에서 마실 수밖에 없었던 술의 해악을 보여주고 계셨다. 저승 가는 데는 정말로 여비가 많이 필요한 모양이었다. 젊은 시절부터 차비를 걱정하셨던 「소릉조」의 천 선생님이 춘천까지 내몰리신 것을 보면 기문둔갑이 따로 없는 시인임에 틀림없으리라. 한 차 가득 중늙은이가 탔고 그나마 어여쁜 나도 한 자리 끼어 앉았다. 내 오빠가 사는 춘천이었고 여러 핑계로 가지 못했던 나는 '엎어진 김에 쉬어갈' 판이라 오랫동안 못 봤던 어린 조카 둘을 데리고 병원에 갔다.

참혹하다는 말을 가끔 듣지만 천 선생님의 모습이 그랬다. 피부는 완전히 검게 타 들어갔고 그 싸구려 시계는 팔뚝까지 올라갈 만큼 여

원데다 배는 출산을 코앞에 둔 여인이 울고 갈 지경이었다. 그러나 고함소리만은 여전했다. 온갖 시중을 들면서도 욕 얻어먹는 것이 직업이 돼 버린 노광래가 반색을 했지만 선생님은 착한 광래에게는 선물인 듯 욕을 던지시며 내 조카들을 보시며 독자적인 반가움을 표현하셨다. 그러나 "요놈, 요놈!" 벽력같은 천 선생님 고유의 환대가 다섯 살짜리 꼬마에게 어찌 반가움으로 보일 것인가. 자지러지는 아이를 끌고 밖으로 내달으며 나는 연신 눈물을 훔쳤다.

가난한 내 주머니에서 거금 오천 원을 꺼내 막걸리 사 잡수시라고 드리면서 나는 진심으로 선생님께서 다시 일어나 막걸리 사발을 두 번째 손가락 치켜들고 잡수시기를 간절히 바랐다. 병원 문을 나서는 인사동 협객들의 착잡한 표정에 마음으로 동조하면서.

초상집에 가면 떠난 사람에 대한 애도보다는 명부사자의 호출에서 자신이 제외됐다는 안도에 조문객이 더 시끄러운 법, 더욱이 천 선생님과 목소리 크기를 견주는 협객이 끼어있던 병문안이고 보면 슬픔도 온갖 유식한 목소리에 가려질 판이었다. 모처럼 서울을 벗어난 판, 이제 눈 도장 찍는 일은 마쳤고 어차피 마지막 모습을 보는 절차를 마쳤다고 병실의 천 선생님보다 더 큰 목소리가 길을 잡았다. 이왕 예까지 왔으니 그냥 갈 수는 없다며 몸에 좋다는 음식 사냥에 나선 어른들의 일정에 맞춰 따라나섰던 나는 쓰린 마음에 넘어가지 않는 송어회를 끼적거렸고 고함소리에 놀란 내 이쁜 조카는 그 좋아하는 콜라도 못 마시며 울먹였다.

저 어른이 사람을 알아나 보실까? 참혹한 모습을 떠올리며 아린 마음을 다스리기 어려웠던 내게 〈귀천〉에서 떠도는 나에 관한 소문은 정말로 반가운 낭보였다.

"임계재가 왜 그리 늙었나 했더니 그 사이에 애를 둘이나 낳았구나!" 하셨다는 천 선생님의 말씀을 전해 들으면서 쓸데없는 울음은 그만두어도 된다는 확신이 들었다. 다른 협객이 나를 아무리 놀려도 상관없는 일이었다. 사람 알아보기 어려운 상황은 절대 아니고, 영특한 그 어른의 기억력은 여전했다. 찔찔거리며 가슴 조였던 안타까움은 아마도 내 안에 쌓여있던 고뇌를 밖으로 분출하는 대응장치에 불과했던 모양이었다.

거짓말처럼 몸 상태가 호전된 선생님은 약 반년 후 아내가 경영하는 찻집이라고 사방에 소문을 내셨던 그 〈귀천〉에 다시 정해진 요일이면 어김없이 모습을 드러내셨다. 그리고 지정석에 앉아 목 선생님을 향해, 내가 낳지 않은 채 혐의를 둘러썼던 조카 둘을 떨게 만들었던 천 선생님 특유의 벽력같이 내지르는 목소리를 5년 더 들을 수 있었고 얼굴 예쁜 탓에 첫 번째 애인으로 등극했던 나는 막걸리 값을 드릴 수 있었다. 그리고 한창 젊었던 나는 천 선생님의 고함이 무서워 좋아하는 빨간색의 옷을 절대로 입을 수도 없었다. 그렇게 평소처럼 아내 험담을 늘어놓고, 전시회의 그림 앞에서 눈물을 보이며 정신적 거래 등으로 부인을 난처하게 만들며 천상병이라는 고유성으로 병환 이전과 별로 달라지지 않은 활약을 보이셨다. 그리고 우리는 〈귀천〉에 출근 도장을 찍으며 신나게 만나고 떠들었다. 그리고 천 선생님 당신은 88세까지 살라고 분명히 말했다는 하느님의 말씀에 순종하는 듯 환갑도 챙겨 잡수셨다.

그러나 그 분은 역시 남의 말을 듣지 않는 막무가내였다. 하느님의 명령도 듣지 않았으니 말이다. '외롭게 살다 외롭게 죽을, 내 영혼의 빈 터에 새날이 와 새가 울고 꽃잎 필 때는, 내가 죽는 날, 그 다음날'(「새」, 일부분)이라고 하셨더랬다.

　다시 새가 울고 꽃잎 피는 4월이 오면, 13주기를 맞는다. 참 말도 안 들으시는 어른을, 그리고 그분의 시를 나는 많이 좋아했었다는 사실을 다시 한 번 깨닫는다. 그러나 내가 더 좋아하는 분은 여전히 남편의 흥을 보며 깔깔 웃으시는 그 아내 목순옥 선생님이다. 목소리 큰 그분은 지금도 문둥이 가시내인 아내가 벌여놓은 소풍 자리에서 여전히 고함을 지르며 놀고 계시는 것이 분명하다. 지금도 자리를 옮긴 〈귀천〉에 가서 천 선생님의 아내, 목 선생님을 보면 누구라도 확실하게 알 수 있는 일이다.

지금도 그 담요 잘 덮고 계셔요?

허태수(춘천성암감리교회 목사)

내가 천상병 시인을 알게 된 것은 그의 친구인 소남자 김재섭 선생 때문이다. 김재섭 선생은 천상병 시인과 함께 『新作品』의 동인이었다. 1954년 3월에 발행된 『신작품』 제7집에 소남자의 「形象」 외 1편과 천상병 시인의 「다음」이라는 시가 함께 실려 있다.

나는 병치레 끝에 늦게 신학교를 들어갔다. 긴 병원 생활은 일상적인 대열에서 이탈을 의미했다. 이탈은 두려움과 열등감을 가져왔고 그것을 극복하려는 자구책이 〈종교〉였던 것 같다. 그러나 그곳도 나를 품어 주지 못했다. 꾸며진 신의 냄새가 너무 짙다고 느꼈기 때문이다. 1학년 1학기가 끝나갈 즈음 나는 하루 종일 도서관에서 잡지를 뒤적이며 지냈다. 그러다가 『샘이 깊은 물』이라는 잡지를 통해 소남자 선생을 알았다. 「단군신화 신 연구」라는 글이었는데, 세상에 가슴 뛰는 일이 그렇게 일어나는 줄 그때 처음 알았다. 신학교에서 '하나님'이 아닌 사람, 김재섭 선생의 글이 내 심장을 뛰게 만들었다. 그 즉시 나는 출판사에 전화를 해서 소남자 선생의 주소를 알아냈다. '전남 장성군 북이면 신평리'에 그가 산다는 것이었고, 농사를 짓는 농사꾼이라는 것이었다! 나는 지체하지 않고 호남선 기차를 탔다.

　소남자 선생은 그 때 인사동 개마서원 등에서 「김해김씨 족보」며 「단군신화」의 새로운 해석, 「산해경」 풀이 등을 하고 계셨다. 장성의 농사일은 아예 늙은 부모와 아내에게 맡겨 놓고 인사동에서 사셨다. 그들(김재섭을 비롯한)은 〈귀천〉을 연락처로 삼고 살았다. 사람 좋은 〈누님손국수〉 사장님이 작은방 하나를 김재섭 선생에게 내주셨는데 한 1년을 그렇게 사셨다.

　그 시절 인사동 풍경은 지금과 달라서 조금은 한유롭고 고적했다. 귀천에 가면 채현국 선생, 박이엽 선생, 민병산 어른, 송건호 선생, 성유보 선생, 성내운 선생, 천승세 선생, 박재삼 선생 등이 늘 계셨다. 날 저물어 어름어름 해가지면 뒷짐을 진 민병산 선생의 뒤를 따라 졸래졸래 무리를 지어 밥집도 가고, 찻집도 가고, 술집에 들르곤 했다. 물론 나는 소남자 선생 덕에 말없이 맨 뒤 꽁지에 붙어 묻어가곤 했지만 그 때가 세상에서 제일 행복한 시절이 아니었나 싶다. 짐작컨대 그 시절 이후에 인사동의 '큰 가슴과 그 따뜻함'은 사라지고 말았다.

　내가 천상병 시인을 알게 된 내력이다. 천상병 시인은 내게 '허군도 시를 좀 써 보라'고 말하곤 하셨지만 나는 그 때 품격 높은 어른들 틈에서 '사람의 냄새'에 취해 사는 것이 더 즐거웠다. 시 따윈(?) 보이지도 않았다. 아니 다양하게 살아가는, 조금은 세상과는 일탈된 분들과의 만남은 '종교'가 해결하지 못한 나의 열등감을 충분히 극복하게 해 주었다. '시'라는 하나의 길을 갈 이유가 없었다. 모두들 시인은 아니어도 '시처럼 사는' 분들이었다. 인사동은 '다르게 사는 법', '꼭 세상 사람들을 따라서 살지 않아도 얼마든지 잘 사는 법'이 있음을 가르치는 학교였다. 인사동을 어슬렁거리는 누구든 큰 스승이었다. 그렇게 나는 인사동에 푹 빠져 살았다. 4~5년을 그렇게 살았다.

차츰 정치가 안정이 되고 한겨레신문이 창간되고, 해직 되었던 선생들이 다시 제 자리를 찾아 갈 즈음 나도 다시 신학교로 돌아가게 되었다. 그러나 그 때는 이미 사람이 달라지고 난 다음이었다. 나는 내 존재의 변화를 신학교에서 또는 신의 품에서 맛 본 게 아니라, 사람들 속에서, 인사동에서, 사람의 품을 통해 경험했다. 그리고 장가를 들고 춘천에 자리를 잡았다. 다들 그렇게 자기 자리를 찾아 떠날 때 나도 인사동을 떠났다.

내가 춘천에서 맡고 있던 교회에 유성윤이라는 시인이 계셨다. 인사동의 향수가 그리운 나는 자연스럽게 춘천의 '멋스러운 사람들'과도 친하게 되었다. 그 중에 한 분이 당시 춘천의료원장(지금은 강원대학 부속병원)이셨던 정원석 박사이다. 물론 유성윤 시인을 통해서 만나게 되었는데, 아동문학을 하시는 그 정 박사는 보신탕을 좋아하셨다. 유성윤 시인과 정 박사 그리고 나, 이렇게 셋이서 어느 여름 날 보신탕집에서 이런저런 이야기를 하다가 정 박사의 친구가 천상병 시인이라는 것을 알게 되었다. 대학 다닐 때 친구였는데 근 수십 년째 만나지 못하고 계셨었다.

그 이후로 나는 자주 인사동의 근황(주로 천상병 시인)을 정 박사에게 실어 날랐다. 그때마다 그는 마치 친구를 만난 듯이 나를 반겨주셨다. 이게 또 다른 인연과 변화를 예감하는 일인 줄 그때는 알지 못했다. 생각해보면 인생사는 이렇게 준비되어 있는 일들을 따라 사는 게 아닌가 싶기도 하다.

305호실.

천상병 시인은 춘천의료원에 입원했다. 88년 1월 7일의 추운 겨울이었다. 광래 형과 목 여사는 춘천 추위에 오돌오돌 떨면서 정내미 떨어지는 병실에 갇혔다. 때때로 해림 씨가 목 여사와 역할을 바꾸며 서울을 오가는 고단한 일과를, 광래 형은 "쌍놈의 새끼"라는 욕을 밥 먹듯 달게 받아 먹으면서 내내 병원에서 지냈다. 나는 저녁마다 5살, 3살 난 딸(은실, 밝음)과 아내와 같이 병실로 놀러 가곤 갔다. 같은 이야기를 망가진 녹음기처럼 되풀이 말하는 그게 신기해선지 애들은 저녁마다 할아버지가 계신 병원엘 가자고 졸랐다. 시인도 아이들을 좋아하셨다. 그러나 꼭 그런 것만은 아니었다. 유치원에 다니던 딸들은 가끔 빨간색 운동복을 입고 병실에 들어서곤 했는데, 그 때마다 시인은 아이들에게 '나가라!'고 소리를 쳤다. '빨갱이 색(色)'이라고 소리쳤다. 나도 아내도 영문을 모른 채 멍하니 있었고, 아이들은 어깨가 들썩이도록 소리를 내며 울었다. 그 날 이후 딸아이들은 시인이 있는 병실에 가는 것을 싫어했다. "이쁘다 이쁘다"고 팔뚝 깊숙이까지 내려간 시계를 밀어 올리며 좋아하던 그 할아버지가 아니었기 때문이다. 시인은 유난히 빨간색을 싫어 하셨다.

배에 물이 가득해져서 숨을 헐떡이시던 어느 날 나는 목 여사와 시인의 장례를 걱정했다. 시인의 친구이신 정 박사님도 그렇게 하는 게 좋겠다고, 장사(葬事)할 준비를 하는 게 좋겠다고 말해 주셨기 때문에 더욱 그랬다. 추운 겨울인데 서울까지 가겠느냐고, 춘천에 시인의 무덤을 짓자고 말씀을 드렸더니 그러자 하셨다.

그러던 분인데, 꽁꽁 언 땅이 조금 녹는 날 돌아가시면 좋겠다고 기도(?)하는 중이었는데, 엉뚱(?)하게도 시인은 살아나셨다. 뱀처럼 온 몸의 꺼풀을 한 번 벗은 다음에 그는 가뿐하게 살아서 서울로 가셨다!

그는 퇴원해 가시면서 처음 입원하던 날, 내가 갖다드린 국방색 군용담요를 그냥 가져 가셨다. 시인은 그 군인용 B급 담요를 좋아하셨다고 한다. "허 목사 주지 말고 집에 가지고 가자"고 말하셨다고, 퇴원 후 〈귀천〉에서 목 여사가 말씀하시면서 "지금도 그 담요만 덮고 주무신다."고 하셨다.

가끔씩, 천상병 시인을 만난 적은 없지만 그의 시를 좋아한다는 이들이 내게 묻는다.

"그 분 어떤 분이셨어요?"

감히 내가 천상병 시인을 '어떤 분'이라고 말할 수는 없다. 그렇지만 곧 대답하게 된다.

"빨간색은 싫어하고 군인 담요는 좋아하셨던 시인!"이라고 말이다.

요즘 나는 여전히 이곳, 17년 전 그가 잠시 머물며 허물을 벗던 춘천에서 목사 노릇을 하고 있다. 이제는 시인의 친구인 정 박사도 춘천을 떠나셨고, 가끔씩 들르는 인사동은 옛 정취 사라진 지 오래고, 사람으로 사는 기쁨이 무엇인지 큰 몸짓으로 교훈 하시던 어른들은 저세상 사람들이 되셨고, 내게 시를 좀 써보라고 권하는 이도 없지만, 여전히 나는 그 때 그 시절의 느낌으로 살고 있다. 아니, 그 때 얻었던 삶의 자양분으로 목사 노릇을 하고 있다고 해도 틀리지 않다.

"허군도 시를 좀 써 보시지요."

시인이 오늘도 내게 말씀하신다.

그럴 때마다 내가 이렇게 대답한다.

"이미 시처럼 살고 있습니다. 지금도 그 담요 잘 덮고 계셔요?"

청년 천상병의 시를 옮겨 적으며 울컥 솟구치는 그리움을 삭인다.

    멀잖아
    북악에서 바람이 불고,
    눈을 날리며, 겨울이 온다.

    그날, 눈 오는 날에
    하얗게 덮인 서울의 거리를
    나는 봄이 그리워서 걸어가고 있을 것이다.

    아무것도 없어도
    나에게는 언제나
    이러한 '다음'이 있었다.

    이 새벽. 이 '다음'
    이 절대한 불가항력을
    나는 내 것이라고 생각한다.

    이윽고, 내일,
    나의 느린 걸음은

불보다도 더 뜨거운 것으로 변하고,

나의 희망은
노도(怒濤)보다도 바다의 전부보다도,
더 무거운 무게를, 이 세계에 줄 것이다.

그러므로, 이 '다음'은,
눈오는 날의 서울의 거리는
나의 세계의 바다로 가는 길이다.

『신작품』 제7집 「다음」 전문(1954. 3월)

천생연분

안동해(서예가)

몇 달 전에 시인 김구용 님의 문학 전집 중 「구용일기」를 읽다가 천 선생님에 대한 글귀가 눈에 띄어 그렇게 반가울 수가 없었다.

1972년 5월 14일자 일기 첫머리에 '천상병 씨 결혼식에 참석하였다. 대견해서 고마웠다'란 단 두 줄이지만 천 선생님과 목 여사가 결혼식장에 서 계신 모습을 상상하니 공연히 기분이 좋고 슬그머니 웃음이 나왔다. 결혼식을 올리는 목 여사님 표정은 상상이 가는데 천 선생님은 어떤 표정으로 주례 앞에 서 계실까 생각하니 도무지 짐작할 수가 없다. 나도 장가든다라는 생각으로 히죽히죽 웃으실까, 또는 이 자리는 두 번 다시 설 자리가 못 되는군 하며 답답한 마음으로 발을 달달 떨지나 않으실까? 상상하는 내 마음이 조마조마하다.

내가 지금까지 살아오면서 알고지내는 사람들 중에서도 두 사람을 생각하면 가슴 한 구석이 싸―하니 저려온다. 두 사람 중 한 사람은 나와 함께 충무로에서 고전음악 감상실 〈티롤〉을 운영했던 검은 작업복의 명물 김수길이고 또 한 분은 천 선생님이시다.

친구 수길이는 근래 6년 동안 종적이 묘연하고, 천 선생님은 이 세상 소풍을 끝내신 지 13년이 되었다고 한다. 시간의 흐름은 장강 같아서 소리 없이 도도하고 끊임이 없다. 지금도 천 선생님의 모습은 내 마음에 각인되어 있고 쉽사리 퇴색하지 않을 것 같다.

내가 2004년에 부채 작품으로 전시회를 했는데 작품 중에서 〈시인 천상병님의 체취 찻집 귀천〉이라는 작품을 전시해서 〈귀천〉을 알고 있는 사람들에게 잠시나마 즐거움을 준 일이 있었다.

천 선생님을 처음 뵌 것은 목 여사가 〈귀천〉을 여시고 그 찻집 구석에 앉아계신 모습이었다. 가슴 앞에 팔을 올려 팔짱을 끼고 한 다리는 다른 다리에 겹쳐 올리고 바닥에 닿은 발은 쉬임없이 들썩거리는 모습이었다. 그리고는 잘 알아들을 수 없는 소리로 계속 중얼거리고 자주 입맛을 쩝쩝 다시었다. 입속이 말라서인지 어떤 생각이 잘 풀리지 않아서인지 또는 눈에 보이고 귀에 들리는 세상이 꼴불견이어서인지 나로서는 알 길이 없다. 그러한 천 선생님의 모습을 빤히 쳐다볼 수는 없고 안 보는 척하면서 힐끔힐끔 곁눈질을 할 수밖에 없었다.

그러한 독특한 모습은 천 선생님을 처음 만난 인상이었지만 그 후로도 계속 그러한 모습으로 〈귀천〉 한 구석자리에 앉아계시곤 했다. 그 후로는 〈귀천〉에 들어서기 전에 오늘도 천 선생님이 나와 계실까 하는 기대를 가지고 문을 열고 들어서면서 천 선생님이 항상 앉아계신 자리부터 살핀다. 천 선생님이 안 계시면 공연히 허전한 느낌을 지울 수가 없다. 다행히 천 선생님이 그 독특한 모습을 보여 주시면서 앉아계시면 마음이 훈훈해진다. 마침 천 선생님의 앞자리가 비어있으면 슬그머니 앉으며 인사를 건넨다.

"선생님, 안녕하세요?"

시인 천상병의 체취 찻집 귀천, 2004

"하하하, 안 교수 오셨군."

"선생님, 저는 교수가 아니고 국민학교 선생님이에요."

"그래? 안 교수."

이 세상에서 나를 교수라고 불러준 사람은 오직 천 선생님뿐이었는데 지금 안 계시니 내가 얼마나 섭섭하겠는가. 천 선생님이 만나시는 분은 모두 교수뿐이니 나도 덩달아 교수가 되었지만 몇 번이고 고쳐드려도 말끝에는 으레 안 교수다.

한번은 이러한 일도 있었다. 귀천에 들어가서 천 선생님 앞에 앉아 있으니 천 선생님이 몸을 앞으로 굽히며 은근한 표정으로 말을 건네신다. 지금 사고 싶은 책이 있는데 그 책값이 1만 7천 원이란다. 호주머니에 손을 넣으시며 내게 8천 원이 있는데 책값을 좀 보태줄 수 있느냐는 의사타진이었다. 그래서 내가 잠시 뜸을 들이다가 2천 원을 보태드리겠다고 말하니 갑자기 선생님이 파안대소를 하시며 무릎을 치시며 몸을 뒤로 제끼셨다. 웃음소리는 실내를 크게 울렸고 나는 어리둥절한 채로 천 선생님을 바라보았다. 한참을 더 웃으시더니 하시는 말씀이 "나는 마음속으로 천 원을 보태주겠지 하고 생각했는데 2천 원을 보태주겠다니 이 어찌 즐겁지 않겠는가"이다. 천 원과 2천 원 사이가 이렇게 즐거움을 선사하니 천 선생님은 얼마나 복받은 심성인가.

요즈음 세상을 둘러보면 얼마나 많은 사람들이 권력과 금력을 위해 불나방 같은 삶을 사는가. 소기의 목적을 달성하지도 못한 채 천길 나락으로 떨어지는 비명이 매일 아침 신문 지면을 장식한다.

어쩌다가 막걸리라도 사서 잡수시라고 천원 한장 드리면 받아서 곱게 접어 소중하게 주머니에 넣으신다. 혹시 돈이 구겨지지나 않을까 염려 하시면서 조심스럽게 넣으시고는 주머니를 토닥토닥 두드리신다. 조금 있다가 문득 생각나신 듯 돈을 꺼내어 반으로 접힌 천 원짜리를 잘 펴서 살피신다. 앞도 보시고 뒤집어 뒷면도 보시고 몇 번이고 보시고는 다시 반으로 잘 접어서 주머니에 소중하게 넣으시고는 손으로 다독이신다. 어디로 도망가지 말고 조용히 잠이나 자고 있으라는 듯이.

천 선생님의 버릇 중에서 또 눈에 잘 띄는 것은 시계를 보시는 모습이다. 선생님은 시계를 자주 보셨다. 우선 팔을 눈높이로 들어 올리고 손가락 모양을 이상하게 펴신다. 상당히 불균형스런 손모양을 하시고는 옷소매를 걷어 올리면서 시계를 보신다. 그리고 소리치신다.

"마누라, 나 다섯 시에 집에 가나?"

"예, 다섯 시에 떠나세요."

"나 토큰 줬나?"

"떠나실 때 드릴게요."

다시 겹쳐진 다리를 떨면서 입맛을 쩝쩝 다시신다. 한 5분쯤 지났을까. 다시 손님들의 시선이 천 선생님을 향한다.

"마누라, 나 다섯 시에 집에 가지?"

"예, 다섯 시에요."

"마누라."

"예."

"나 토큰 줬나?"

천 선생님이 열 번을 되풀이해서 물어도 목 여사는 한결같이 상냥한 대답이다. 짜증 섞인 억양은 어느 곳에도 찾아볼 수 없는 것이 나에게는 신기하게만 느껴졌다.

  '천생연분이네.'

  나는 속으로 중얼거린다.

어려울 때 마음을 고쳐잡을 수 있는 힘

김언경(화가)

1980년대 당시 우리나라는 군사독재 정치의 계보를 이어가며 민중을 억압하고 자유를 통제하여 표현의 자유를 억압하는 어두운 시절이었다. 그림을 그리는 일이 전부인 나는 어려운 여건 속에서 폭거에 항거하는 민중운동에, 술 한 잔에 마음을 달래가며 창작활동을 하던 시기였다. 그 무렵 인사동에는 지금처럼 화랑도 많지 않았고, 사람들의 왕래도 종로와는 다르게 조용하고 정감이 깊은 곳이었다.

어느 날 선배분들과 우연히 〈귀천〉이라는 아주 작은 찻집에 들르게 된 것이 천 선생님과 목 여사님을 처음 뵙게 된 인연이다. 문인들이 주로 많이 들르고 천 선생님을 좋아하는 독자들도 발길이 잦았던 곳이며, 소담한 항아리 가득 넘치게 피어나는 꽃들이 아름다웠다. 나는 그 향기에 취해 인사동에 전시회가 있어 가는 날이면 들러서 목 여사님이 끓여주시는 맛난 차 한잔을 마시며 목가적이고 낭만적인 분위기에 흠뻑 빠져들곤 했다.

〈귀천〉에 가면 하시 선생님을 뵈올 수는 없었지만, 운이 좋아 뵙게 되는 날이면 삐딱한 얼굴 각도에 꽉 다무신 입술 사이로 슬며시 웃으시며 "잘 지냈나, 잘 지냈나" 하시며 특유의 반복된 언어로 다정하게 말씀하셨다. "니 돈 많이 벌었나? 돈 내라"시며 농을 거시면 너무 재미나고 기분도 좋아져 막걸리 드실 용채를 부끄럽지만 조금 내어놓고는 했는데, 지금도 아쉬운 점은 어디 좋은 대폿집에 모셔서 편안히 대접해 드리지 못했던 점이다. 그러기에는 내 주머니가 가벼운 탓이었다.

한번은 그룹전이 있어서 선생님께 전시 팸플릿을 드렸더니 친히 가 보시겠다고 하셔서 뫼시고 관훈미술관에 들러 안내하였다. 그림을 너무 좋아하시고 작가들에게도 다정하게 격려하시며 마음에 드는 작품은 칭찬도 많이 해주시고 직접 소장하시고 싶어하셔서 그림을 그리는 젊은 작가들은 문인들 중에서도 천 선생님을 따르고 좋아하는 이들이 많았다.

나의 부친(화가 김충선)과 김영덕 화백님께오서도 교분을 나누셨던 사이로 기억하고 있다. 그때는 선생님, 그 모습 자체가 내게는 예술이었고 정이었고 사랑이었다. 조용히 옆에서 선생님을 지키고 계시는 목 여사님의 모습은 하얗게 핀 단아한 수련과 같아서 따르는 이들도 많았고, 두 분의 다정한 모습은 부럽기도 하였는데, 어느 시절부터 선생님의 병세가 깊어지셔서 선생님을 사랑하는 많은 이들의 마음을 안타깝게 하셨다.

건강이 많이 좋아져서 회복되시기를 진심으로 기원하고, 병원도 방문하고 그러하였음인지 기력도 많이 좋아지시고 식사도 잘하셔서 많은 이들의 마음도 밝은 소식을 듣고 기뻐하였던 기억이 새롭다. 그렇게 5년여의 투병생활 끝에 선생님께서 하늘로 돌아가신 지 어느덧 13년의 세월이 흘러흘러 간다. 예전의 선생님의 모습이 마치 영화의 장면처럼 명확하게, 때로는 흐릿하게 목 여사님의 소녀같은 미소와, 좁아서 많이 앉아있을 수 없었던 카페〈귀천〉, 천상병 시인의 막걸리 미소와 "요놈 요놈 그림 많이 그릿나, 그릿나" 하시면서 환하게 웃으시던 모습이 한컷한컷 지워지지 않는 영상으로 가슴 속에 남아 인생을 살아가는 힘으로 미소지을 수 있음이 너무나 소중하다.

그 당시〈귀천〉은 많은 예술인들과 시인들의 사랑방이 아니었나 생각된다. 물론 지금도 그러하지만 당시 어린 축에 속했던 친구들은 선생님들 모임의 말석에서 귀동냥, 막걸리 동냥으로 학문과 예술로 뜨거운 가슴을 달래며 미래의 좋은 재목들로 자라났다. 지금 보면 훌륭한 인물과 성숙한 이들도 많았다. 그냥 우리끼리는 '귀천맨' 이라고 소속감을 가지곤 했는데, 여기에서 많은 이들과 교감을 느끼고 벗으로서 동지로서 오랫동안 만남을 가지고 있다. 돌아가신 선배 사진작가 이종구 님과 강용대 님은〈귀천〉을 빼놓으면 서러워 할 식구였으며, 천 선생님과 목 여사님의 사랑도 많이 받았던 것으로 생각이 난다. 민병산 선생님은 어떠하신가. 얼마나 아름다우신 분인가. 그밖의 많은 분들이 유명을 달리하시고 귀천하셨다. 가끔 인사동 길에서 선생님 친구분들을 뵈올 때면 더더욱 가슴이 쓸쓸해짐은 사랑하는 사람이 곁에 없기 때문일 것이다.

그 당시 우리의 단골 대폿집은 실비집(일명 실비대학)이었고 맘씨 좋은 평양댁 아주머니는 총장이셨고 거의 모두가 이 대폿집에서 가벼운 주머니로 대충 얼큰해 질 수 있었다. 그 곳은 천상병 선생님께서도 단골로 자주 오시던 곳이어서(병원에 입원하시기 전까지) 단골이란 말이 무색하게 우리들의 아지트였다고 할 수 있을 것이다.

어느 날 실비대학에서 친구들과 대포 한잔 하고 있을 때 천 선생님께서 들어오셔서 우리는 자리를 만들어 드리고 합석했는데 선생님께서 술잔을 한사코 사양하시면서 연신 시계만 자꾸 쳐다보시며 두 눈을 껌뻑 거리시며 겸연쩍게 웃으시면서 "묵어라, 묵어라" 하시니 무슨 일이 있으신가 호기심 반 걱정 반 하고 있자니 총장님(주인 아주머니)께서 "요사이 천 선생님은 몸이 예전만 못하셔서 목 여사님께서 술 드시는 시간을 정해주셨는데 그 시간을 꼭 맞추셔서 약 드시듯이 한잔씩 드신다"고 하셔서 한편으로는 건강을 무엇보다도 소중하게 살피셔야 하실 일이었고, 또다른 편으로는 재미있는 사연이기도 하였다. 선생님을 천진한 어린아이 같다고들 말하고는 한다. 순박하신 마음을 그렇게들 표현하는 것 같다.

어느 날인가, 인사동에 부모와 함께 놀러나온 어린아이와 다정하게 앉아서 이런저런 이야기를 나누시는 모습을 먼발치에서 한동안 바라보며 깊은 감동을 받았다. 그날은 민병산 선생님께서 글도 주시고 백차(진토닉)는 안 파는데 가끔 목 여사님께서는 백차라는 예명으로 특별하게 주시곤 하셨다. 그날은 운이 좋은 날이어서 술도 마시고 천 선생님의 모습처럼 순수하고 착하게 살자는 생각을 가슴 깊이 새겼었다. 지금까지도 교만함을 경계하며 그날의 마음을 이어가고 있다. 선생님께서 나중에 의정부 병원에서 투병생활 중에도 기적적으로 5년 이상의 삶을 영유하셨던 일도 그분의 순박한 정신과 목 여사님에 대한 깊은 사랑이 아니었나 생각해 본다.

93년 4월 28일, 광래군으로부터 처음 부음소식을 듣고 허탈하고 슬프면서도 한편으로는 오랜 병상생활을 마침내 접으시고 귀천하셨다 생각하니 '소풍 끝나는 날 가서 아름다웠더라고 말하리라' 라는 시구가 가슴 속에 저며 들어와서 그날 몇몇 지인들과 막걸리로 온몸이 젖어들었다.

발인 날 의정부 장지로 지인들과 천 선생님을 사랑하는 많은 분들이 떠나시는 선생님께 마지막 인사를 하시러 오셨다. 이외수, 이남이 형들과 한쪽에서 의식을 지켜보며 한잔 술로 이별의 아쉬움을 나누고 있는데 노광래군이 나를 부르더니 "지금 상황이 귀천을 노래할 가수분이 오셔서 하관식 때 망자를 위해 노래하기로 했는데 사정상 못오게 되었으니 마침 네가 가끔 즐겨부르곤 하였으니 이 자리에 나와서 선생님을 모시라"고 이야기했다. 뜻밖의 일이라 난감해졌다.

개인적으로야 그렇게 영광일 수가 없지만 가끔 술자리에서 한번씩 부르던 노래라 걱정이 이만저만 한 게 아니었다. 혹여라도 실수하여 선생님께 누가 되면 안 되기 때문에, 더구나 야외의 많은 사람들 앞에서 생으로 부르라니 걱정이 태산이 되어 앞을 가로막는다. 술도 한잔 한 까닭에 시의 가사는 물론 머리 속이 하얘지며 아무 생각도 나지 않아 당황해 하자, 목 여사님께서 시집을 펼쳐주시며 "편안하게 부르라"고 격려해주셔서 호흡을 가다듬을 수 있었다. 선생님 회갑잔치 날 〈누님 손국수〉집에서 구상 선생님과 같이 앉아계실 때 불러드렸던 마음을 상기하며 〈귀천〉을 떠올려 불렀다.

'나 하늘로 돌아가리라……'

선생님을 모신 관이 천천히 밑으로 내려가는 모습을 보니 몹시 떨려왔고 그후는 어떻게 하관식이 마무리 됐는지 정신이 하나 없고 기억도 안 난다.

"수고했다. 언경이가 그래도 안 잊고 잘했어."

그 소리만 귀에 멍멍거렸다. 그후 지금까지도 그 장면은 내게 있어 어려운 일에 처했을 때 마음을 고쳐잡을 수 있는 힘이 되었다. 그렇게 선생님과의 연을 이어가서 앞으로도 아름답게 살다가 나중에 소풍 끝나고 선생님을 뵈올 때, "잘했다, 잘했다, 요놈, 요놈, 요놈" 소리를 듣고 싶다.

세월이 많이 흐른 요즈음 인사동은 시장으로 바뀌었다. 예술의 거리, 화랑들과 전통품 · 골동품시장이 문화예술의 거리라고 말들 하지만 목가적이면서 소박한 아름다움이 도회적이고 상업적 공간으로 바뀌어 가고 있는 현실은 시장인지 문화공간인지 알 수 없는 정체성에 이곳을 찾을 때면 마음이 무거워지면서 소담스런 옛분위기와 천상병 선생님이 그리워진다.

이러한 세태는 꼭 예전 무슨 협회에 등록되어야 문인이고 화가고 무엇이고, 꼭 그래야 예술가로 인정하고 안 하고 하는 것인지 세월이 지나 허연 털이 숭숭한 나로서는 아직도 대체 무슨 하잘 것 없는 일인지 모르겠다.

선생님처럼 아름다우신 분을 문인장이니 무어니 회원이니 아니니 하며 경박스럽게 나누는 일이 어찌 가당키나 한 일인지 그때 가슴 아팠던 일이 새삼 도떼기 장터같이 변한 인사동 길을 걸으며 문득 슬퍼진다. 앞으로도 많은 예술가들이 이 길을 걸을 것이며 맑은 하늘과 빛나는 우주의 별들처럼 순수하게 살아갈 것을 느끼며 가슴 한 켠에 간직하였던 천상병 선생님을 떠올리면서 조용히 귀천을 노래해 본다.

마지막 순수시인을 추억하며

김민홍(시인)

개인적으로 천상병 선생님과 잊혀지지 않는 일이 한 가지 있다.

천 선생님이 복수가 차올라 배가 만삭의 임산부 같았을 때 나는 내 작은 차에 선생님을 태우고 난생 처음으로 비상등과 전조등을 켠 채로 상계동 끝 수락산 근처의 천 선생님 집에서부터 천 선생님의 친구분이 원장으로 있는 춘천의료원까지 시속 140Km 이상으로 달려갔던 기억이다. 아마 이 사실은 목 여사님도 기억하지 못하실지도 모른다. 그 후로 몇 번 노광래 군과 함께 병문안 갔던 일, 그때 사실은 그분은 거의 회생 가능성이 없어 보여서 곧 장례절차를 준비해야 하는 것 아닐까 하는 생각이 지배적이었다.

그러나 기적처럼 다시 회생하셨을 때 난 기쁨보다는 오히려 신비롭다는 생각을 했었다. 물론 목 여사님의 헌신적인 간호와 친구분의 정성어린 치료가 있었겠지만 이 나라에 단 한 분밖에 없는, 이 전에도 이후에도 다신 나올 수 없을 시인을 하느님이 더 살려주신 것은 아닐까 하는 생각이 들었기 때문이다. 물론 난 기독교 신자는 아니다. 그저 신의 존재가 구체적으로 느껴졌던 최초의 기억이었음도 밝혀두고 싶다. 선생님은 모두에게 알려졌다시피 기독교적 세계관을 지니셨던 분이다. 교회를 잘 다니셨는지는 잘 모르겠지만.

사람들은 대부분 천상병 선생님의 「귀천」이라는 시를 좋아하고 그분의 대표작으로 뽑는 데 주저하지 않는다. 내 개인적으로는 「귀천」이라는 시도 물론 좋아하지만 사모님한테 이십여 년 전에 얻어 온 목각으로 만들어진 「언덕」이라는 시가 좋다. 이 목각을 몇 번 이사하다 잃어버렸다. 아마 내가 잃어버린 것 중에 가장 안타까운 것 중 하나이다.

평생을 숱한 기행과 일화를 남기며 시만 쓰다간 시인, 사람들은 그를 천상 시인이라 부른다. 가장 시인다웠던 시인 중 한 사람. 뼈를 깎는 가난도 정치적 탄압과 견디기 힘든 고문도 힘 좀 쓰는 중앙 문단의 소외도 결코 그의 시심(詩心)을 굴복시키지 못했다. 그러나 우리는 그를 저항시인이라 부르지 않는다. 어떤 현실적 고통도 시적 서정으로 껴안고 녹여낸 서정시인이기 때문이다. 쉬운 듯 단순한 듯한 그의 시를 읽다보면 단순함 속에 녹아있는 깊고 맑은 시정신이 빚어내는 어떤 초월적 세계가 읽혀지기 때문이다. 물론 이는 관념적 초월의식이 아니라 구체적이고 현실적인 초월의지로 피부에 와 닿아 혼탁함에 절어 사는 나를 부끄럽게 한다.

"나의 시는 비교적 수월케 씌어진다. 그것은 평소에 머리 속에 시 생각이 가득 차 있어서, 펜을 들면 수월케 시가 되는 것이다. 평소가 문제다. 나는 사시사철 시를 생각하고 있으므로 그런 것이다. 시는 언제나 생각해야 하는 것이다." (천상병)

기회가 닿으면 발표를 하거나 책으로 묶을 생각으로 내 작업실에

「김민홍과 함께 읽는 시」라는 제목으로 모아 두었던 글 중 하나이다. 시처럼 적잖은 여비를 들여 선생님은 하느님 곁으로 가신 것일까. 아니 천 선생님의 남겨 놓은 시편들은 분명 천 시인뿐만 아니라 그의 시를 가슴으로 읽어내는 모든 사람들의 천국행 여비로 충분하다는 생각이 든다.

성모 마리아상 앞에서 기도를

노명순(시인)

"명순아, 나 많이 아프다. 밖에 나가지도 못하고 집에만 있다. 니 보고 싶어 그런데이, 우리집에 한번 다녀가레이. 참, 당부 할 말이 있는데 나 아무 것도 못 먹는다. 빈 손으로 오레이, 꼭 빈 손으로 오레이."

그 무렵, 선생님께 이런 전화가 두어 번쯤 왔었던 것 같다. 아마 천상병 선생님께서 돌아가실 무렵이 아니었을까? 지금 생각하니 그때 찾아뵙지 못한 것이 죄스러울 뿐이다. 내 코가 석자라고 그즈음 나도 임파선 종양을 앓고 있어 악성 종양이 아닌가 싶어 이 병원 저 병원 검사하러 다니느라 경황이 없었다. 다행이 암은 아니었지만 하필이면 귀 밑 숨통이 붙어있는 곳에 종양이 크고 있어 빨리 수술을 하지 않으면 안될 상황이었다.

수술 날짜를 잡고 병원에 입원하고, 수술한 그 이튿날 마취에서 깨어나자마자 나는 선생님께서 돌아가셨다는 비보를 매스컴을 통해 알게 되었다. 수술 후 몸이 부실했기에 그때는 선생님이 돌아가셨다는 안타까움도 절실히 느낄 수가 없었다.

하지만 날이 갈수록 선생님 생각만 하면 그때 마지막 부르심이었는데 왜 달려가지 못했을까, 가슴이 아파 온다.

　선생님을 처음 만난 것은 20여 전 내가 시인으로 등단하기 전 어느 국문과 교수의 출판사 사무실에서였다. 그곳은 문학 공부도 하고 토론도 하는 문학 지망생들의 아지트였다.

　천 선생님을 처음 뵌 날의 그 충격을 나는 잊을 수가 없다. 다리를 절뚝이며 초라한 행색으로 사무실 문을 밀고 들어 선 사람, 그 분이 그 유명한 천상병 시인이라니, 눈곱이 낀 것도 같고 침도 흘리고 계시지 않는가. 하지만 눈물겹도록 친근하게 느껴지는 모습, 내 고향 마을에서 흔히 보는 촌로의 모습, 평생 농사일에만 매달려 멋 내는 일하고는 거리가 먼 새까만 얼굴에 후줄근한 모습으로 평생을 사셨던 우리 아버님의 모습도 거기 있었다.

　사무실에 있었던 문학 지망생들은 천 선생님을 만나 뵈온걸 모두 영광으로 알고 환호를 질러 선생님을 맞이했고 기분이 좋아지신 선생님께서 곧바로 우리를 인사동 사모님께서 경영하는 찻집〈귀천〉으로 초대해 주셨다. 그날의 인연으로 선생님의 사모님이신 목순옥 여사와의 인연도 맺어지게 된 것이다.

　나는 선생님을 뵈러 갈 때는 가방 속에 꼭 손수건이나 휴지를 챙겨 넣었다. 선생님의 침이나 콧물을 닦아 드리기 위해서다. 이렇게 스스럼없이 대하는 나를 선생님께서도 유난히 예뻐해 주셨고 목순옥 사모님께서도 선생님이 편찮을 때엔 수락산 밑 선생님 댁으로 모셔다 주었으면 하는 부탁도 서슴없이 하셨다.

　선생님께서는 누구라도 만나면 "내 마음의 애인이다" 하고 나를 인사를 시키시는 것이다. 하지만 선생님께서 입버릇처럼 말하는 마음의 애인은 나뿐이 아니라 여럿이 있었다. 참하다고 생각되는 여인이면 다 마음의 애인으로 삼고 싶으셨을 것이다.

목순옥 여사님, 가끔 나에게 전화를 하신다.

"선생님께서 지금 눈이 짖무르셨어요. 노명순 씨 보고싶다고요. 시간 있으시면 〈귀천〉으로 나오셔요."

그런 날이면 나는 부득이한 사정 아니면 〈귀천〉으로 나가 선생님과 차도 마시고 인사동길을 걸어다녔던 것 같다.

"물결이 어무이, 나 부탁이 하나 있는데 들어 주겠소?"

"무슨 일인데 말씀해 보세요."

"내 치부책에 적어 놓을 테니 나 아이스크림 한 개만 사주시겠소?"

물결이는 나의 딸 이름이다. 선생님께서는 무엇을 사달라고 할 때면 갑자기 물결이 어무이를 부르며 경어를 쓰시며 정색하듯 예의를 갖추신다. 매번 무슨 부탁인가 긴장을 하고 들어보면 돈 천원을 빌려달라고 하던지 맥주 한 병만 사달라는 부탁이다.

한 번은 선생님께 다잡아 따졌다.

"선생님, 데이트를 할 때는 남자가 돈을 쓰는 거지 무슨 여자가 돈을 씁니꺼? 지는 여자니까 선생님께서 데이트 비용은 쓰셔야 합니더."

"알았다 알았다, 이 문둥이 가시내, 나도 돈 있다, 돈 있어."

"어디 한 번 보입시더."

"아내가 비상금을 이렇게 지갑에 꼭 넣어 준데이."

선생님은 포켓에서 지갑을 꺼내 보여 주시었다. 정말 지갑에는 배추색 만원짜리 지폐가 서너 장 들어 있었다. 그 뒤부터 선생님께서는 정말 찻값도 내시고 아이스크림 값도 내셨다.

나는 찻값이나 아이스크림 값이 아까워서가 아니라 사소한 일에도 선생님 스스로 해결하시고 좀더 강하고 당당한 모습으로 사셨으면 싶어서였다. 그즈음 선생님께서 사 주신 커피를 먹은 사람은 아마 나밖에 없으리라.

하루는 인사동 귀천에서 전화가 왔다. 목순옥 사모님이시다.

"지금 선생님께서 아침부터 난리났습니다. 노명순 씨한테 할 말이 있다고, 빨리 〈귀천〉으로 나오셔요."

늦게 나가면 선생님께서는 언제 기다렸냐는 듯이 나가버리기 일쑤고 만나면 특별히 할 말도 없으신지 우두거니 담전만 피우고 계신다. 꼭 철없는 아이 같으시다.

그날도 사모님의 간절한 부탁이라 부랴부랴 인사동 〈귀천〉으로 나갔다. 그날따라 선생님께서는 정말 어디 갈 데라도 있는 듯한 모습이다.

'대체 오늘은 어디를 가시려는 걸까?'

사모님께 잘 다녀오겠다는 인사를 드리고 선생님과 나는 〈귀천〉 좁은 골목에 들어서자 선생님께서는 와이셔츠 포켓에서 언제 준비하셨는지 턱하니 검은 선글라스를 꺼내 쓰셨다.

"어머나, 선생님. 근사하네요, 선물 받으셨어요?"

"그래. 선물 받았다. 좋지, 좋지? 히야! 참 시원하데이, 시원하데이. 참 잘 보인다, 잘 보인다."

선생님께서는 기분이 한층 좋으셔서 검은 선글라스를 끼시고 뻐기듯 인사동을 걸으셨다. "히히!" 그 옆에 따라가는 나도 웃음이 절로 난다. 걸음은 또 얼마나 느리시던지……

"선생님 어디로 가시는지. 우리 택시 타고 갑시다."

"괜찮다, 괜찮다, 이렇게 걸어 가는 거이 좋은기라, 니는 내만 따라 오니라."

이렇게 천천히 걸어서 어느 세월에 어디를 갈 수 있을지 나는 깜깜했지만 선생님 뜻에 따를 수밖에. 선생님께서 느린 걸음으로 인사동을 지나 종로를 거쳐 청계천, 가까스로 명동으로 들어섰다.

세세한 기억은 할 수 없었지만 선생님께서는 옛 친구들과의 명동 무슨 다방인가를 아지트 삼아 만났던 이야기며 그때 있었던 일화를 끊임없이 말씀하셨던 것 같다. 영어를 잘해 미국대사관에 근무했던 이야기며 직장 생활이 체질에 맞지 않다는 말, 무슨 정보부인지 어딘지 끌려가 맞아서 몸이 상했다는 이야기, 술 마시고 명동거리에서 쓰러져 잤다는 이야기 등 많은 말씀을 하셨던 걸로 기억이 난다. 선생님께서는 특별한 목적 없이 옛날을 추억하며 명동거리를 걸어 보고 싶으셨던 것이다.

"명동에 오면 꼭 성당에 가봐야 하는기다."

어느새 선생님께서는 명동 성당으로 들어서고 계셨다. 선생님께서는 성모 마리아상 앞으로 가셨다.

"우리 성모 마리아님한테 각자 소원을 빌자."

선생님께서는 갑자기 엄숙해 지시었다. 곁눈질로 가만히 보니 두 눈을 감고 손을 모으고 계셨다. 나도 얼른 기도를 했다.

무슨 기도를 했는지를 잘 모르겠으나 선생님의 건강을 빌었던지 건강도 안 좋으신 선생님과 인사동에서 명동까지 걸어와 이런 순간을 맞이하게 된 것을 감사하였던 같다. 그러고 보니 선생님께서는 소리를 내어 기도를 하고 계시었다. 나는 깜짝 놀라 실눈을 떠 선생님을 쳐다보았다.

"성모 마리아님이시어, 노명순 여사가 시인이 되게 하여 주시옵소서, 시인이 되게 하여 주시옵소서, 시인이 되게 하여 주시옵소서."

본래 할 말을 두 번 이상씩 말씀하시는 선생님 말투는 두 번이 아니라 세 번 네 번 계속 되었다.

"시인이 되게 하여 주시옵소서, 시인이 되게 하여 주시옵소서, 시인이 되게 하여 주옵소서."

선생님 기도에 나는 몸둘 바를 몰랐다. 나보다도 더 선생님께서는 내가 시인이 되기를 바라셨던 것이다.

얼마나 고마운 일인가. 얼마나 행복한 일인가. 두고 두고 생각할수록 어쩌면 선생님께서는 정말로 나를 마음의 애인으로 여기셨었는지 모른다. 어쩌면 나는 마음의 애인이라는 소리를 나이 드신 선생님의 지나가는 투의 말씀으로 또는 우스갯소리로 넘겼던 것은 아닌지, 돌아가실 즈음, 그렇게도 보고싶다고 전화를 하셨는데 내 몸이 아프다는 핑계로 한번도 찾아뵙지도 못하고, 어쩌면 정말 마지막으로 나를 간절히 보고싶었는지도 모르는데, 지금 새삼 생각하니 죄스럽고 가슴이 아파올 뿐이다.

명동성당에서의 선생님의 기도가 있은 후, 나는 얼마 후에 등단을 하여 시인이 되었다. 선생님께서는 어느 누구보다도 기뻐해 주신걸로 기억한다.

" 선생님 고맙습니다."

여기 선생님을 처음 뵙고 쓴 나의 졸작 시를 끝으로 선생님을 기리며 이 글을 맺겠다.

　　천상병 시인을 처음 뵙고

　　증권도 맨션아파트도 갖지 않은 빈털터리로 보였습니다
　　햇빛에 구리빛으로 좋아 씻지 않은 개구쟁이 그분 얼굴,
　　제멋대로 난 희지 않은 치아, 하늘 아래 땅위면 아무
　　데나 허허 주저 앉으시다 흙묻은 바지가랑을 걷어 올리
　　시고 간경화를 이겨낸 서투른 걸음으로 고무신 신고 인사
　　동 사거리를 헤젓고 걷는 천상병 시인은 가질려고 버둥
　　거리고 가진척 거들먹 거리는 사람들 속에 끼어 오늘도
　　하늘나라 아이 같이 속을 비운채 잘도 걷습니다

인사동의 마지막 블루스

박인식 (소설가)

천상병 선생님!

이렇게 불러보아도 가슴 깊숙한 곳에서 그리움의 물결이 출렁입니다. 선생님께서 이 세상 소풍을 끝내고 하늘나라로 돌아가신 지 하마 13년의 시간이 흘러갔다는 게 도무지 믿어지지 않을 만큼 그 그리움의 빛깔은 선명하기 그지없습니다.

천 선생님!

얼마 전에 외람되게도 선생님의 오랜 소풍지인 인사동을 소재 삼아 제가 실명소설 한 권을 상재한 적이 있습니다.

그 소설의 서문을 저는 이렇게 썼드랬습니다.

…인사동과 나 사이는 오래 묵은 된장입니다.

그가 내 속에 들어와, 아니 내가 그 속으로 파고들어 정을 주고받은 지가 벌써 스물 다섯 해를 넘겼거든요.

그동안 많은 인사동 사람들을 만났습니다.

더러 꽃시샘 바람으로 구차하고, 또 더러는 아침 우물가 감나무 가지 끝에 앉아 우짖는 까막까치의 울음처럼 꼭두서니 빛으로 반짝이는 사람들이었습니다.

그들의 삶이 풍류세상에서 빛나고, 또 예술세계에서 깊이 묻히거나 아주 저물다가 소식이 가물거릴 때마다 그들을 그리워하는 내 추억의 마음 한 자리에는 이야기가 되고 시가 된 사연들이 장독대에 내려앉은 함박눈처럼 차곡차곡 쌓여갔습니다.

그『인사동 블루스』를 연재하는 동안 이런 질문을 숱하게 받았습니다.
"천상병 시인 얘기는 언제 나오나?"
인사동을 사랑하던 사람은 누구나 알고 있었던 거지요.『인사동 블루스』라는 춤사위는 천상 시인이던 천 선생님께서 늘 인사동으로 소풍 나왔기에 가능하다는 걸 말입니다. 다시 말해 인사동과 천상병 시인은 동의어였습니다.

그러나 연재가 끝나도록 천 선생님은『인사동 블루스』에 등장하지 않았습니다. 제가 쓰질 못한 거지요. 본래 등잔 밑이 어두웠던 까닭이었을까요? 아니면 제가 그려내기에 천상병이라는 대 시인의 존재가 워낙 어마어마했던 탓이었을까요?

아무튼 저 자신마저 그 이유를 모르는 채 연재를 마치게 되었습니다.

그러다가 어느 날 별생각 없이 써내려간 서문을 다시 읽다가 저는 제 무릎을 치고 말았습니다.

그 짧은 글에 등장하는 인사동의 언어들—오래 묵은 된장, 정분, 꽃시샘 바람으로 구차하고, 아침 우물가 감나무 가지 끝에서 우짖는 까막까치, 꼭두서니 빛, 풍류세상, 장독대에 내리는 함박눈 등이 때로 만질 수 있는 사랑, 또 때로는 만질 수 없는 그리움들이 눈썹 밑에 살풋 밟혀 왔는데 놀랍게도 그 눈썹의 주인이 천 선생님이란 걸 소스라치게 깨달은 것이지요.

그랬습니다.

인사동과 정분이 나 있는 동안, 아니면 적어도 인사동으로 제가 소풍 나와 인사동의 사람이나 인사동의 바람이나, 인사동의 밤안개 또는 인사동의 밤이슬이 되어 있을 때만큼은 저마저 천상 천상병이 되어 있었던 겁니다.

그래서 알게 되었습니다.

새벽 두 시에 일어나 머리를 감다 한 소식하게 된 광화사 정기호 씨, 미치도록 사랑하던 여인이 아프리카로 가서 죽자 그녀의 사십구재에서 그녀가 이 세상에서 산 숫자인 서른세 송이의 국화꽃을 천천히, 천천히 아주 천천히 남한강에 던지던 현몽 스님, 스물두 살 나이에 아주 꺾여버린 두만강변 민들레, 한탄강에 용났다던 김용문과 조상욱, 요즘 쌈지길에서 가장 맑은 풍경소리를 내는 아원공방의 노인숙과 노인정 자매, 영원한 몽정기의 이시우, 산 위에서 부는 바람인 성익환 박사, 홍도 여우를 사랑한 현규영, 진정으로 원하면 사랑처럼 호랑이는 온다는 것을 보여준 정용진, 내 호랑이를 믿어달라는 김종수, 옥양목 배게 홑청을 장만하려던 송현 시인, 그리고 발해 건너기에 나섰던 탐험가 이덕영 형 등 인사동과 정분이 나서 내 책 속에서 인사동 블루스라는 춤사위를 보여주었던 그 모든 춤꾼들의 파트너가 바로 천상병 선생님이었다는 것을 말입니다.

그들은 모두가 인사동으로 소풍나왔다 하면 어김없이 〈귀천〉에 들러 선생님께 문안 인사를 드렸습니다. 그리고는 매번 천 원쯤 대포값을 손에 쥐어 드렸겠죠. 그리고는 선생님께서 '귀천' 하신 후에도 목순옥 여사님을 먼발치에서나마 꾸준히 지켜봐 드린 분들입니다.

그들 중에서 천 선생님이 '귀천' 하신 지 6년쯤 지났을 때 발해 건너기에 나섰다가 그 역시 '귀천' 해버린 이덕영 형과는 여러 사람 시샘을 할 만큼 자별하셨습니다.

선생님을 보내는 영결식장엘 저는 박이엽 선생님과 이덕영 형과 함께 찾아뵈었는데, 두 분 모두 지금은 고인이 되셨습니다.

살아 생전 덕영 형은 조선 토종 찾기에 여념이 없었죠. 그 뿌리찾기의 탯줄이 바로 천 선생님과의 인연과 연결되어 있었던 겁니다.

그 형과 제가 결성한 모임이 하나 있잖아요. 농심마니라고요. 심마니란 산삼을 캐는 사람이지요. 산삼을 캐지 않는 대신에 우리는 산삼을 산에 심자는 뜻으로 모였지요. 심마니 앞에 농부 '농' 자를 붙인 조어가 농심마니인 겁니다.

그 농심마니 결성 10주년 때입니다.

'토종은 맛있다. 토종은 힘이 세다. 토종은 아름답다.'

10주년 기념행사에 내건 표어랍니다. 그 표어를 제안하며 그 형은 천 선생님 얘길 했더랬습니다. 그 때 그가 뜬금없이 천 선생님 얘기를 꺼낸 것은, 그가 천 선생님처럼 막걸리잔을 한 대포 들이키고 있었기 때문만은 아닙니다.

"박형! 인사동 지킴이인 천상병 선생님이야말로 토종 그 자체지. 그 토종을 사대주의나 식민주의에 물들어 열등의 표본이라고 손가락질 하던 시절이 있었지. 하지만 그게 아니잖아. 천 선생님의 시와 삶과 정신이 말해 주잖아. 토종이야말로 얼마나 힘이 세고 맛있고 또 아름다운지를 말이야."

그 형의 정신에 그렇게 스며든 천 선생님의 영향으로 저는 형과 이 땅에 토종문화를 꽃 피우자는 꿈을 먹고 살았습니다.

형과 우선 천 선생님의 소풍지인 인사동을 한국 야생화의 텃밭으로 가꿔 놓았죠. 인사동 골목골목의 가게마다 들러 한국 토종 야생화의 씨앗을 나눠주는 운동을 벌인 겁니다.

그리고는 독도로 달려갔죠. 당시까지 독도는 국제해양법상 섬으로 인정받지 못한 암초에 지나지 않았습니다. 암초도는 그곳으로부터 13해리의 바다를 우리 영해로 편입시킬 근거가 되지 못하는 거죠. 섬으로 바꿔야만 됩니다. 섬으로 인정받자면 갖춰야할 조건이 세 가지가 있답니다. 첫째, 사람이 거주해야 하고, 둘째로는 식수가 나야 하며, 나머지 하나로는 나무가 자라나야 한다는 거지요. 그 첫째나 두째 조건은 이미 갖춰진 상태였죠. 문제는 마지막 조건이었습니다.

지금은 독도로 구경갈 수 있게 되지 않았습니까? 독도로 가보십시오. 숲이 우거져 있잖아요. 잡풀만 무성하던 암초를 그 형이 1985년부터 돌아가신 1998년까지 무려 13년 동안 울릉도 자생의 한국토종나무들을 이식해 놓은 결실입니다.

바위섬인 독도에는 나무가 뿌리를 내릴 토양이 없었잖아요. 그 흙을 울릉도의 속살로 마련한 거예요. 울릉도는 그 땅의 고향입니다. 한번 정 붙이면 천년만년 정들어 살게 된다는 정들포 출신인지도. 그 정들포 사람들과 제 주변에서 인사동 〈귀천〉을 아지트 삼은 문화예술계 인사들을 동원해서 그들의 등짐으로 정들포의 흙을 독도의 그 앙칼지게 비탈진 더기 위로 비지땀 흘리며 십여 년 져 날랐던 겁니다.

독도가 푸르게 가꿔지자 그 형은 토종 찾는 눈길을 역사 쪽으로 돌려 발해 고해상로를 복원하는 뗏목탐사에 나섰다가 1998년 1월 24일 한겨울 동해바다에서 장렬한 최후를 맞았습니다.

뗏목을 탔던 나머지 세 대원도 함께 산화하고 말았는데, 그 형의 죽음과 주검은 좀 특이했습니다.

야생마처럼 파도에 미쳐 날뛰던 뗏목이 그 위에 있는 모든 것을 바다로 내팽개치던 그 절체절명의 순간에 선장의 임무를 맡았던 그 형은 바다에서 얻은 특수성의 진실을 살아남은 우리에게 전해주기 위해 왼발을 뗏목에 묶었습니다.

우리의 옛 뱃사람들은 다들 그렇게 했다고 합니다. 그래야만 시신의 신원을 확인할 수 있고, 몸은 뗏목에서 떨어져나가더라도 절단된 발만큼은 뗏목 주인의 분신으로 뗏목과 운명을 함께 하도록 만들겠다는 뱃사람 최후의 정신을 나타내기 위해서 말입니다.

발해 건국 1300년을 맞는 해에 띄운 그 '발해 1300호' 뗏목을 타고 있던 네 사람 중에 울릉도 정들포 출신의 그 형은 유일한 뱃사람이었습니다. 뗏목이 전복되는 충격에 정강이뼈가 절단되며 그 형의 몸은 바다로 퉁겨나갔지만, 그가 남기고자 했던 뱃사람의 정신만은 뗏목에 묶여 절단된 왼발에 담겨 뗏목과 운명을 함께 하게 된 겁니다.

조난보고회에서 발표자가 "수습된 뗏목에는 이덕영 선장의 부러진 왼쪽 발목이 그대로 묶여 있었습니다"라고 말하는 순간, 저는 벼락이라도 맞은 듯 아득해지고 말았습니다.

그가 남긴 그 바다 위의 발이라는 특수성이란 게 '발이 있는 바다'

로서 발해를 뜻하고 있었기 때문입니다.

　그랬습니다.

　그는 발해의 옛 해상로를 탐험하다가 조난되어 동해에서 죽은 것이 아니라, 우리에게 발해를 남겨두고서 발해로 사라진 것이었습니다.

　천 선생님, 선불교의 두 번째 조사가 혜가선사이던가요? 깨우침이 뭐냐는 달마대사의 물음에 제 왼팔을 칼로 내리쳐 끊어 내 보여준 그 살신대각의 선승 말입니다.

　천 선생님!

　덕영 형의 그 왼팔은 혜가의 왼팔에 다름없지 않았겠어요.

　천 선생님!

　나는 인사동 여러 지인들이 보여준 인사동시 행위의 진실이 궁금해질 때마다 오래 전에 귀천해 버린 천 선생님의 이름을 불러보는 버릇에 젖어 있습니다.

　덕영 형의 일만 해도 그렇습니다.

　그 형이 '발해1300호' 뗏목을 띄우기 위해 러시아 블라디보스톡 항구로 떠나기 전날 인사동에서 송별회를 가졌습니다.

　"박형, 어젯밤에 천상병 선생님 꿈을 꿨어. 우리 뗏목 타고 발해로 소풍가고 싶다고 하시더군. 아직도 정말 뵙고 싶어. 이렇게 사람이 그리울 수 있을까?"

　지난 1월 24일. 그 형의 7주기를 맞아 인사동 놀이마당에서 추모제를 올려드렸습니다. 그 자리에서 예전에 그 형이 천 선생님을 그리워하던 그 그리움의 물결에 천 선생님의 시심을 띄워 이런 노래를 제가 불렀습니다. 여기서 목메어 부르는 어머니의 본명이 곧 천 선생님이라는 걸 선생님은 진작 알고 계셨을 겁니다.

    어머니
    저 고래등 같은 파도를 보셔요
    만주벌판 호령하던 발해기상 휘어지게
    그리움으로 출렁거리며
    수십일 째 남쪽으로 흘러가는
    발해 1300호 뗏목을 바라보셔요
    어머니
    한겨울 바다에 동태가 제격이라도
    온몸 열기 가득 피어나는
    뗏목이 보이시나요

    우리는 어머니가 고주몽의 옹기를 태몽하고
    대조영의 씨를 받아 잉태한
    발해의 네 형제
    덕영 철수 용호 현규
    아버지 대조영의 부름 받아
    발해 남쪽 해류에 운명 띄워
    지금 성난 겨울 바다의 포효에
    한 잎 나뭇잎 되었어도
    여기서는 돛도 닻고 내릴 수 없어요
    아침 노을 따라 철없이 들뜨고
    더러는 수줍은 저녁 노을에 고개 숙여도
    밤하늘 별들이 자맥질하는
    수평선 너머로 내달려만 가는 우리는

오직 발해의 아들일 뿐
어머니는 죽어도 발해에서 죽어야
내 자식이라 가르쳤지요

어머니
아침이면 산보다 먼저 일어나는
이 발해 바다로 나오셔요
형제끼리 서로 몸 부벼 언 몸 녹이고
찬 해풍 막는 걸 보시고
가슴 속까지 서리게
흰 파도 비껴 입으시면
뗏목에 얹혀 지내온 1300년의 고독도
그 곤궁하던 나날도
겨드랑이 아래 품으시고
해가 황궁에 오를제야
따사해지는 햇살 언저리에
물비를 터시어
당신의 꿋꿋한 자식들
하나하나 보듬어
다시 이 발해 난바다를 항해하게 하소서

우리가 설사 돌아가지 못하더라도
그 불효를 이 동해 물결로 지우시고
어머니
눈물로 씻어 티없는 눈으로
이 바다를 보셔요

바다를 흘러흘러 발해뿌리를 찾아가는
이 발해 1300호 뗏목이
여태 보이시나요
성난 파도
뗏목 옆구리 갈겨
가 닿아야 할 발해 땅이 폭풍우 속에
담겨 보이지 않더라도
당신의 아들은
눈곱만큼도 주저하지 않고
한쪽 다리를 뗏목에 묶습니다
어머니
우리 몸이 지난 역사 속으로 사라진다해도
이 뗏목에 붙어 있을 발목은
대조영의 씨앗으로 다시 품어
우리 뒤를 따를
또다른 발해 자식들을 낳으소서
어머니
그들을 일깨워
우리를 발해로 보냈듯
그들도 이 바다에
뗏목을 띄우게 하소서

천상병 시인을 그리워하며

진관(시인)

천상병 시인의 시 이야기를 하기 전에 우리는 먼저 천상병 시인의 인간적인 이야기를 해야한다. 또한 시를 쓰는 이 나라의 시인이라면 천상병 시인의 인간적인 면이 가슴속 깊은 곳에서 살아 소록소록 움틀거리고 있다는 것을 알 것이다. 흔히 시인이라면 자신에 대한 이야기를 숨기는 경향이 있는데 우리에게 있어서 천상병 시인은 내면의 이야기를 숨기지 않는 순수한 시인이다. 어둠과 눈물의 시대 고통으로 잠들 수 없었던 시대의 완벽한 자유로부터 유토피아를 꿈꾸던 시인. 때론 허무주의적 경향으로 비난의 대상이 되기도 하지만 그것은 인간의 어리석음과 문명 자체의 광기를 인식하게 한다는 점에서 우리는 그러한 시인을 기인이라 말하지만 기인은 아니고 천재성을 가진 시인이라 말할 수 있다.

나는 천상병 시인을 내 자신이 직접 대한 시기는 내가 시인이 된 이후에 알게 되었으니 오랜 친분이 있던 일은 아니었다. 인사동에 있는 한국문인협회 사무실에 가면 천상병 시인이 나와 있었다. 그 당시에 상당히 당황하였던 일이 생각난다. 처음 대하는 나에게 막걸리 값을 달라는 것이었다. 나의 모습을 보면 더 잘 알 수 있을 텐데 말이다. 나는 이 나라의 수행자 그리고 수행자가 시를 쓰는 몸, 자존심이 있던 터인데 처음 만난 자리에서 막걸리 값을 달라고 천연덕스럽게 말하는 천상병 시인, 나는 그의 말을 듣지 않았다. 그 뒤에도 여러 번 천상병 시인은 나를 보면 손으로 부르는 것이었다.

내가 막걸리를 좋아했다면 천상병 시인의 요청을 들어주었을지도 모르지만 내 자신이 술 마시는 것을 즐거워하지 않았기에 요청을 들어주지 못했다는 것에 대하여 세월이 지난 후 내 자신이 너무나 소승적이었다는 것을 알았다. 나는 본시 술을 마시는 것을 억제하고 시를 쓰면서 내 자신이 수행자라는 것을 잊어 본 적이 없었다. 시인이 술을 마셔야만이 시를 쓰는 것인가? 술을 마시지 않고서도 시를 쓸 수 있다는 자신감을 보여주어야 한다는 신념이기도 했다.

천상병 시인을 거리에서 만나면 그저 미소만을 보일 뿐이었다. 그런데 언젠가 천상병 시인에 대하여 친근감이 갔다. 기계적인 유물론을 가진 물질, 계급, 진보, 혁명 등의 근본적인 변화를 인간존중, 상생, 자기개성으로 승화해 버리는 순수한 천상병 시인은 천재적인 시인이었다. 그러한 시인에 대하여 연구하기 시작했고 친견하기 어려운 시인을 거리에서 만난다는 것 그것만으로도 영광이라는 생각이 들었다. 나는 천상병 시인의 시를 따라 갈 수 없는 시인이라는 것을 알게 되었다. 그런데 천상병 시인이 세상을 떠난 지가 어느덧 13년이라니 참 세월이 빠르다는 것을 느낀다.

천상병 시인은 언제나 우리와 함께 있다는 생각이 든다. 나는 천상병 시인과 개인적 인연을 중심으로 13주년 행사를 준비하는 측으로부터 글 청탁을 받고 노트만 들고 이라크로 가는 비행기 안에서 천상병 시인을 생각하면서 적어본다. 이라크에 가는 것은 바로 이 땅에 점령군인 미군에 의하여 피 흘리고 있는 이라크인들을 보러 가는 것이 아니라 우리나라 젊은이들이 파병된 곳에 부처님오신날을 맞이하여 법당에 등을 달기 위한 대한불교조계종 종단 간부들과 함께 참여하기 위하여 이라크로 향한 비행기 안에서 천상병 시인을 생각하며 쓰게 되었다.

이라크에 우리 군인을 파병한 것을 반대하였던 내가 이라크에 간다는 것은 역설적이라고 말하는 이들도 있을 것이지만 이라크에 가는 비행기 안에서 천상병 시인을 그리워하는 것은 참으로 소중한 인연이다. 우리가 생각해야 할 일은 천상병 시인이 이라크에 파병한 막사에서도 만날 수 있는 시인이라는 생각이 들었다. 비행기 안에서만이 아니라 이 나라에 살고 있는 모든 이들이 있는 곳에서 만날 수 있다는 점이다. 이라크에 파병한 군인들에게도 천상병 시인의 시가 필요하다. 비행기 안에서 이러한 글을 쓰는 것은 우리 군인들이 하루속히 건강한 모습으로 돌아오라는 뜻이기도 하다.

비행기 안에서 이러한 생각하며 천상병 시인을 그리워할 사람들에게 이 글을 읽을 수가 있을 것인지 한번 반조하면서 천상병 시인에 대하여 생각한다. 천상병 시인은 동백림 사건으로 1967년 6개월 동안 감옥에 있었고 조사과정에서 모진 고문을 당한 이후 고문의 후유증으로 갈기갈기 찢어진 육신이다. 동백림 사건은 가장 악랄하게 조작된 사건이라고도 한다.

이제 우리는 시인의 육신을 볼 것이 아니라 시인의 정신에 관하여야 한다고 말하고 싶다. 천상병 시인은 동백림 조작 사건에 의하여 희생된 너무나도 억울한 시인이다. 앞으로는 더 이상 우리에게 그러한 조작 사건은 일어나서는 아니 되며 그 날에 당한 육신의 희생을 복권하여 천상병 시인에게 새로운 정신을 부여하는 일이 가장 시급한 과제라고 생각하지 않을 수 없다.

내 자신이 천상병 시인의 시를 올바르게 접한 것은 내가 대학에 들어가서 문학을 탐구하는 시기에 시인들의 시 연구를 통하여 알게 되었다. 나는 한용운 시인을 연구하고 시인들에 시를 연구하는 데 있어 천상병 시인의 시 연구는 참으로 소중한 분이라는 것을 알게 되었다. 후학들은 보다 많은 연구가들이 나올 것을 확신하면서 일제식민지시대에 고문을 당한 역사적인 시인들과 다름이 없다.

박정희 군사정부 시대에 시인의 탄압을 보면서 참을 수 없는 분노를 접할 수 있는 인물이다. 그러나 시인을 고문하여 육신을 절망으로 만들었지만 우리들의 가슴속에는 언제나 남아있을 것이며 이 세상을 떠난 지 13년이 지났지만 더욱 그리워지고 있는 것은 천상병 시인의 천진성이다. 내 자신이 좀더 가까이 접했어야 하는데 그러하지 못한 일이 아쉬움을 남기게 한다. 그러나 1980년 이후에 내가 살고 있던 개운사에 있는 중앙승가대학에 교무로 있을 때 천상병 시인은 나를 찾아와서 막걸리 값을 달라고 하였다.

그 당시에 막걸리 값은 단돈 2천원, 더 이상은 원하지도 않고 더 주어도 돈을 내어주는 것이 시인의 성품이었다. 개운사에 있는 중앙승가대학 교무로 있을 때 많은 시인들을 접했다. 나의 전성기라고 말할 수도 있는 시기다. 나에게 있어서 4년 동안은 사람들을 만날 수 있는 시기였고 찾아온 많은 분들과 대화도 많았던 시기다. 그러나 1984년 이후에는 민주화 운동에 참여한 날로부터 만나는 이들은 없었다. 가끔 거리에서나 만날 수 있었지만 정한 곳에서는 누구도 만날 수가 없었다. 천상병 시인도 마찬가지다. 개운사에 살던 때가 나에게 최고의 시기라고 말하지 않을 수 없다.

  천상병 시인에게도 나에게 보여준 친근감이 떠났다고 말할 수 있다. 인사동에서 만나게 되면 그저 다정한 모습으로 대하는 것이었다. 그것은 나의 형편을 알고 있는 듯하였다. 민주화 운동에 참여하고 있다는 것을 알고 있는 듯하였다. 자신이 이루지 못한 일을 하기에 더욱더 친근감을 보여주기 위함인지도 모른다는 것을 알게 된 것은 중광 스님과의 만남 이후인 것 같다. 천상병 시인은 갔지만 우리시대의 시인 중에 위대한 시인이다. 천상병 시인은 중광 스님을 만난 이후에는 나에게 막걸리 값을 달라고 하지도 않고 오히려 등을 두드리며 반가워해 주셨다. 그러한 천진한 모습이 그립다.

  천상병 시인이 없는 인사동은 너무나 쓸쓸하다. 천상병 시인의 혼이 남아있는 인사동 거리를 목탁을 울리며 걸어가는 날은 더욱 천상병 시인의 생각이 난다. 부디 천상에 올라가기를 원했던 천상병 시인이기에 천상에 있는 미륵보살과 만나서 지상을 내려다보며 막걸리를 마시고 있을 천상병 시인. 어느덧 이승을 하직한 지 13년이라는 세월이 흘렀다는 것에 대하여 믿어지지 않는다. 언제나 우리와 함께 있을 시인이다.

어느 시인에 얽힌 전설들

이만주(여행칼럼니스트)

인사동 전설

지금의 우리가 다 사라진 2~3백 년 후, 서울 인사동에는 여러 가지 전설이 떠돌고 있을 것이다. 그러나 그 중에서도 다음과 같은 전설이 가장 많이 회자되리라.

지상에서도 그렇지만, 천상(天上) 선계(仙界)에도 성년이 미성년을 사랑하면 안 되는 규율이 있었다. 그러나 어느 시를 쓰는 청년이 한 소녀를 사랑했다. 이를 알고 화가 난 옥황상제는 청년에게 중벌을 내리고 싶었다. 하지만 청년의 시가 너무 맑고 아름다워 사발 하나만을 주어 인간세계로 내치는 벌을 내렸다.

선계의 소녀는 자라 성년인 낭자가 되었지만 오직 인간세계로 내려간 시인 청년 생각뿐, 다른 남자는 눈에 들어오지 않았다. 그 청년만을 그리던 낭자는 옥황상제에게 인간세계로 내려보내 줄 것을 눈물로 탄원했다. 옥황상제는 낭자의 청을 받아들이기로 했다. 일편단

심, 변치 않는 순수한 사랑에 감동한 옥황상제는 낭자를 인간세계로 내려보낼 때 여러 벌의 사발을 하사했다.

하계로 내려온 시인 청년은 가져온 사발 하나로 무엇을 할까 이리저리 궁리를 하였으나 별다른 용도를 생각해 낼 수 없었다. 마침내 청년은 사발 하나로 막걸리만을 마시기 시작했다. 그러자 천상에서 갖고 있던 맑은 시심이 다시금 용솟음치기 시작했다. 그 후, 청년은 인간세계에서도 시를 쓰며 살았다.

인간세계로 내려온 낭자는 필연적으로 천생연분인 청년을 만나 부부의 연을 맺을 수 있었다. 하지만 청년은 시만 짓고 살았기에 가난한 것이 문제였다. 궁리 끝에 낭자는 조그만 찻집을 내고 옥황상제로부터 받은 여러 벌의 사발을 갖고 차를 팔기 시작했다. 찻집은 문전성시를 이루며 조그만 규모에 비해 장사가 너무 잘 되었다. 사람들은 이를 기이하게 여겼다. 그러나 거기에는 비법이 있었다. 그곳에서는 차만을 파는 것이 아니라 찻잔 속에 맑은 시심과 행복을 담아 파는 까닭이었다.

마침내 둘은 천상에서 이루지 못한 사랑을 지상에서 꽃피우며 행복하게 아주아주 잘 살았다.

이 전설은 20세기 후반의 순애보이자 서울의 아름다운 동화라고도 할 수 있는 천상병과 그의 부인, 그리고 그녀가 하는 작은 찻집 〈귀천〉을 떠올리며 나 자신이 구성해 본 것이다.

사후에 받은 보답

모든 것이 빨라진 오늘날, 천재들은 당대에 빛을 보고 부를 이루지만, 옛날 천재들은 그렇지 못하고 사후에 평가를 받고 보답을 받았다. 천상병은 전형적인 옛날 천재의 패턴에 속한다.

천상병도 옛날의 천재들과 마찬가지로 가난했다. 그는 교직에 있었던 것이 아니라 제자들을 두지도 않았고, 살아 있는 동안 시인이라는 직함 외에 별다른 직책을 갖지 않았다. 그럼에도 불구하고 우리 시대, 우리 문화예술 풍토에서 천상병만큼 살아있었던 당시에 비해 죽은 후 평가 받는 예술가는 별로 많지 않을 것이다. 그는 사후에 복을 톡톡히 누리고 있다.

그의 기일이 되어 의정부에 있는 산소에서 성묘 겸 제사를 지낼 때나 이어서 의정부 예술의전당에서 추모예술제가 열릴 때면 경향 각지에서 각양각색의 적지 않은 사람들이 모여든다. 심지어 제주도에서 비행기를 타고 오는 팬이 있을 정도이다. 서울에서 열리던 추모예술제가 요즘은 의정부 예술의전당으로 옮겨 열리지만, 그만큼 매년 꼬박꼬박 추모예술제가 개최되는 작고 시인도 거의 없을 것이다. 그의 시와 삶은 가요와 가곡으로 또 희곡과 관현악곡과 무용극으로 끝없이 창작이 이어지고 있다. 아마도 천상병만큼 그의 생이 TV 드라마와 연극으로 반복 연출되는 예도 흔치 않으리라. 천상병 연극 중에서 가장 최근 버전이라 할 수 있는 극작가 김청조의 〈소풍〉은 시, 음악, 우리의 문단사 등이 어우러져 근래의 연극 중 호평 받는 창작연극이 되었다.

그의 시들은 사후, 더 많은 사랑을 받는다. 1995년, 그의 시는 미국 북동부 8개 명문대학 중의 하나인 코넬대학에서 Back to Heaven(귀천)이라는 제목으로 영역되어 전세계로 던져졌고, 다시 1996년 국내 도서출판 답게에서 같은 제목의 한·영 대역본으로 초판이 상재된 이래, 2005년 1월 기준으로 재판 16쇄를 기록하고 있다. 이런 사실은 그의 시가 외국인들에게도 받아들여지고 있음을 의미하며 외국인들에게 한국을 알리는 문화상품 노릇을 톡톡히 하고 있음을 알게 해준다. 저 멀리 영국의 외딴 해변가에서 혹은 네팔의 히말라야 산간에서 방랑하는 어느 이방의 젊은이가 영문으로 된 천상병의 「귀천」이나 「강물」을 읽고 있을지 누가 알 것인가.

천상병의 시들이 영문으로 번역되어 세계로 소개되는 사연도 기이하다. 그의 시들을 발췌하여 꾸민 시집 『귀천』을 영역한 안토니 수사 (Brother Anthony)는 영국 콘월 지방 출신으로 옥스퍼드 대학 퀸즈 칼리지에서 중세와 현대문학을 전공한 정통 영문학자이다. 또한 그는 프랑스 초교파 수도원 테제 공동체에 입회하여 카톨릭 수사가 된 독실한 종교인이다. 현재 서강대학교 영문과에서 교수로 학생들을 가르치고 있는 그는 한국 문학의 영어 번역에 있어 가장 완벽한 작업을 하는 번역가의 한 사람으로 손꼽힌다. 그는 천상병이 살아 있는 동안 한 번도 만난 적이 없다. 그러나 그는 천상병 시의 진실과 천진무구함을 꿰뚫어보고 훌륭한 번역을 이루어 낸 것이다.

이 모든 것들은 어떠한 삶의 부조리 속에서도 한 번도 자신의 삶을 비관하거나 부정하지 않고, 어떤 역경 속에서도 삶에 대한 긍정과 희망을 잃지 않고 삶을 사랑한 그에 대한 보답이 아니겠는가.

나는 그의 사후에 이루어지는 일들을 지켜보면서 '아무 것도 없어도 / 나에게는 언제나 / 이러한 '다음'이 있었다.'는 시 「다음」을 떠올린다.

그의 삶은 이 메마른 천민자본주의의 한복판에 피어난 한 떨기 들꽃이었다고 표현한다면 지나친 찬사가 되는 것일까.

천상병을 주인공으로 한 희곡 〈소풍〉을 쓴 작가 김청조는 극작의 변에서 1992년 추운 겨울 밤, 안국동 버스정류장에서 본 목격담을 적고 있다. 천상병이 지나가는 도봉산행 19번 버스의 몸통을 그리도 세차게 두들겼지만 버스들은 초라한 행색에 비척거리는 행동거지의 그를 술에 취한 노숙자 정도로 취급하며 문을 열어주지 않고 위험하게 마구 달려 달아나 버리는 광경을. 그녀는 그때 스스로를 돌아보고 심한 부끄러움을 느꼈다고 한다. 나는 그 글을 읽으며 어느 순교자의 일화를 떠올렸다.

'후일 성인의 반열에 오른 한 순교자는 믿음을 버리라는 명령을 거역하여 효수형을 당했을 때, 자신의 진실을 입증하기 위해 피를 흘리며 자기의 잘린 머리를 두 손으로 받쳐 들고 하늘나라에 더 가까운 언덕까지 걸어가 쓰러졌다.'

그 일화의 장면과 우리를 억누르고 있는 반인간성에 항거하며 인간성과 진실의 언덕을 향해 노쇠해진 몸을 이끌고 비척비척 걸어가는 한 시인의 모습이 내 망막 속에 오버랩 되어 지나간다.

그가 불면의 밤에 쓴 다음과 같은 구절을 인용하면서 그에 대한 회상을 접고자 한다.

그러니까 우리의 불면의 더 정확한 이유는, 우리가 아직도 우리의 인간성을 사수하고 있다는 여기에 있는 것이다. 우리의 불면은 우리 자신의 인간성이 우리 주위의 반인간성과 서로 반발하고 배척하고 결과적으로 말하면 싸우는 시간이었던 것이다.

아주 특별한 인연

연극 〈소풍〉 중에서

천상병 예술제를 준비하며

김문원(의정부시장)

　소풍 떠나고 싶은 푸르른 계절에 하늘나라로 소풍 떠나신 천 시인이 환하게 웃고 계신 모습이 떠오른다. 바보스러우리 만치 천진난만한 얼굴에 웃음을 항상 머금고 계신 그 분이 더욱 웃으실 일이 생겼다. 그분께서는 지난 해 3월 의정부 예술의전당으로 소풍 나오셔서 현대를 살아가는 우리들에게 많은 감동과 위안을 주시는 생전의 모습을 보여주셨다.

　그렇기 때문인지 지난 해 5월 19일부터 22일까지 문예진흥원 예술극장에서 열린 서울연극제에 출품했던 연극 〈소풍〉이 우수상, 희곡상, 연기상 등 3개 부문을 수상하는 개가를 올렸다. 지방 문예회관으로는 처음으로 문예회관 자체 제작 작품이 공신력 있는 연극제에 초청된 것도 의미 있는 일이지만 천 시인에 대한 삶이 이제야 제대로 평가를 받고 있는 듯하여 가슴 뿌듯하다. 시인께서 생전에 못 누렸을 호사를 강산도 변한다는 10년이 넘어서야 누리게 되시는 것은 그만큼 천 시인에 대한 재조명이 늦었기 때문이라 생각된다.

　2003년 천상병 시인 10주기 추모예술제를 시발로 좀더 다양하고 폭

넓은 예술축제로 발전시키기 위해 시작한 〈천상병 예술제〉는 비록 짧은 기간임에도 많은 시민들이 참여하여 벌써부터 지역예술제로 자리잡았다는 평가를 받고 있고 지난해에는 의정부시무용단이 〈귀천〉의 창작무용극으로 박수갈채를 받은 바 있으며 천 시인의 시를 주제로 한 다양한 노래를 선보여 참가자들로부터 뜨거운 호응을 받았다.

특히 2005년 4월 22일부터 의정부 예술의전당에서 열렸던 제2회 천상병예술제를 기리는 이외수 특별초대전에는 평소 지인과 가깝게 지냈던 많은 문인들이 찾아 천 시인을 기렸으며 평소 천 시인과 지인 사이였던 이외수 선생은 〈붕익필〉이라는 희대의 그림으로 많은 관람객들을 사로잡은 바 있다.

우리가 살아가면서 평소 공기에 대한 귀중함을 알지 못하듯이 우리 지역 문화에 관심이 부족했던 점을 일깨워준 매우 소중한 시간이었다.

우리가 살고 있는 이 시대는 물질적 풍요로움이 행복의 척도로 여겨지고 있으며 때문에 더욱 치열한 경쟁사회로 치닫고 있지만 지금보다 물질적으로 가난했던 천 시인 생전의 행복지수가 현재보다 못했다고는 단언할 수 없을 것이다. 그런 면에서 천 시인은 자신의 삶을 귀하게 여기며 그것이 진정 무엇이었는지를 깨달았던, 그리고 작은 것을 소중히 여기며 욕심을 버리는 아름다운 삶을 살고 소풍 떠나신 진정한 인생의 깨달음의 소유자였는지도 모르며 작은 것에 실망하고 쉽게 인생을 포기하는 현대인들에게 귀감이 되고 있다.

이제 우리는 맑고 아름다운 영혼을 소유하고 계셨던 문단의 마지막 기인, 천 시인의 주옥같이 아름다운 글들을 더욱 가꾸고 보존해야 할 것으로 여기며 3회째를 맞는 천상백일장이나 천상음악회는 그 뜻을

잇는 중추적 역할을 할 수 있는 것으로 기대된다.

천상병예술제는 이제 우리지역뿐만 아니라 경기도, 아니 전국적으로 많이 알리고 참여를 이끌어야 함은 물론 한발 앞서 새로운 프로그램을 개발하고 더욱 발전시켜 나가기 위해서는 천 시인과 같은 후학들을 선별하는 권위있는 문학상 제정과 함께 천 시인의 뜻과 부합되는 천상가요제 개최 같은 끊임없는 문화상품 개발에 노력을 기울여야 할 것이다

이와 함께 천 시인을 연극으로 다시 태어나도록 해 많은 관객들로부터 호응을 얻고 서울연극제에서 3개 부문을 수상한 연극 〈소풍〉을 더욱 다듬고 관객과 호흡할 수 있는 작품으로 완성시켜 우리지역 청소년을 대상으로 하는 찾아가는 공연프로그램 개발과 함께 소공연장의 연중 상설공연도 상상해 본다.

순수한 영혼을 소유했던 그 분이 우리 곁을 떠나신 지 올해로 13년을 맞는다. 천 시인은 누가 뭐라 해도 이 시대를 살아가는 우리들의 영원한 정신적 안식처이며 우리 시가 가지고 있는 자랑거리다. 항상 첫 출발이 어려운 법인데 하늘나라로 소풍 떠나신 천 시인을 재탄생시키는 작업에 심혈을 기울인 관계자들에게 감사드린다. 천 시인이 소풍 나오셔서 계속 우리 의정부에 머무실 수 있도록 아낌없는 지원과 그 분의 안식처를 마련해 드려야 할 때다.

천상에서 내려온 끈

강애심(연극배우)

지난 해 4월 천상병 예술제가 끝나고 로비로 나오자 항상 행사 때마다 뵈었던 낯익은 분이 내게로 다가오셨다. "매년 뵙네요." 하며 인사를 드리자, 대뜸 원고를 하나 청탁하시는 거였다. 천상병 선생님에 대한 추억을 써 달라는 말에 난 그분과의 추억도 없고 그럴 자격도, 재능도 없다고 손사래를 치며 고사했지만 그분은 막무가내셨다. 황송하고 미안해하며 명함을 받아들고는 극장 로비에서 몰려나온 관객들 속에서 한참을 멍하니 서있었다.

난 생전의 천 시인님을 뵌 적도 없고, 정말 부끄러운 얘기지만 연극〈귀천〉에 출연 제의를 받기 전까지는 그분에 대해 알지도 못했다. 단, 공연 연습을 하며 그 분의 시를 읽고 신문기사나 잡지, 관련서적을 보고 목 여사님을 만나 천상병 선생님에 대한 얘기를 들은 것이 다였다. 그런 내가 어찌 그분에 대해 이야기할 수 있단 말인가? 때늦은 추억을 만들어 낼 수도 없는 일이고.

며칠을 고민하던 중, 한 가지 머리를 스치는 것이 있었다. 바로 눈에는 보이지 않는 천상병 선생님과의 끈이었다.

선생님이 돌아가시기 2년 전인 1991년에 나는 유치진 선생님의 작품인 〈춘향전〉을 공연했었다. 그때 친해진, 날 유난히 따르던 남자 후배 하나가 책 한권을 선물했는데 그 책이 바로 『괜찮다 괜찮다 다 괜찮다』였다. 겉표지를 넘기니 그 특유의 비뚤하면서도 큼지막한 글씨체로 '강애심 양 惠存 천상병 1991. 10. 11 「歸天카페」에서' 라고 적혀 있었다. 볼펜똥이 번져 여기저기 지저분한 커다란 그 글씨체는 굉장히 힘이 있어 보였고 왠지 내 마음 한쪽을 '쿵' 하고 무너져 내리게 했다. 이것이 바로 내게 보낸 천 시인님의 첫 텔레파시 끈이었다.

그 당시 그 후배가 천 시인님을 좋아한다는 것과 대단한 천재에 기인이시라는 것, 그리고 사인을 받아낸 사연 등을 얘기했을 터이지만, 내게 그 순간은 그 분의 글씨체에서 받은 가슴아린 느낌의 기억밖에 없다.

그리곤 잊혀진 지 어언 2년, 그 사이 난 아이를 낳아 서툰 엄마 역할을 하느라 바쁜 나날을 보내고 있었는데 어느 날 갑자기 전화가 울렸다. 천상병 시인의 이야기를 다룬 연극 〈귀천〉에 목 여사 역할을 해달라는 출연요청이었다.

갑자기 심장이 두근두근 떨리기 시작했고 왈칵 눈물이 나왔다.

돌아가시기 전 얼굴 한 번 못 본체 가슴 찡한 필체를 선물 받고도 난 까맣게 잊어버리고 있었는데 돌아가신 후에 또 먼저 이렇게 손을 내미신 것이다. 바로 두 번째 끈을 느낀 순간이었다.

울컥하는 심정을 억지로 삼키며 감사한 마음으로 출연제의를 수락했다.

그리곤 바로 '언제야 날 아는 체 하려느냐?' 하며 2년간 책꽂이에서 먼지 앉은 채 날 기다리고 있던 책, 『괜찮다 괜찮다 다 괜찮다』를 뽑아 읽기 시작했다. 울다가 웃다가를 반복하며, 감탄하며, 그리고 어려워하며……. (뒷부분의 작가, 작품론은 내 수준으로는 이해하기 어렵다.)

연극 연습은 그야말로 전쟁이었다. 막 6개월이 된 아이를 마땅히 맡길 곳이 없어 번번이 기저귀 가방을 챙겨서 아들 준하를 들쳐 업고 연습실엘 가곤 했다. 1층 기획사무실에 아이를 맡기고 지하 연습실에서 잠깐 연습을 할라치면, "언니! 준하 쌌어요!" "너무 울어요." "토했어요." 등등 날 찾는 소리에 1층과 지하를 오르락내리락 하며 힘들었던 기억이 지금도 잊혀지질 않는다.

지금 와서 생각건대, 목 여사님께선 천 선생님을 아기처럼 보살폈으니 목 여사님과 비슷한 느낌을 갖게 하려고 운명처럼 아기를 키우는 내게 목 여사님 역할이 오지 않았나 싶다.

그렇게 모두에게 폐를 끼쳐가며 연습했는데도 누구 하나 싫은 내색 없이 너그러이 봐 주셨으며 같이 공연했던 선생님과 선배님들이 너무나 사랑해 주셨다. 후배들도 모두 사이가 좋아 공연 내내 서로를 위해 주며 정말 행복하게 지낸 때였다. 사람들이 가장 기억에 남는 공연이 뭐냐고 물으면 난 아직도 거침없이 〈귀천〉이라고 대답한다. 이것이 바로 세 번째 천 선생님과의 사랑의 끈일 것이다.

그리고 네 번째 천상병 님의 축복의 끈이 이어졌다. 연극 〈귀천〉의 목 여사 역할로 94년 동아연극상 연기상을 수상한 것이다. 내 생각에 그건 내가 받을 상이 아니었다. 그런데도 내게 행운이 돌아온 건 듣도 보도 못한 여인에게 당신 책에다 사인을 해 주신 인연으로 하늘나라에 가서도 계속 보내주시는 '천 선생님의 축복의 끈' 이라고밖에 뭐라

설명할 수가 없다.

　그 끈은 계속 이어져, 매년 천 시인 추모 시 낭송회에도 빠짐없이 시 낭송을 하는 영광이 주어졌고, 천상병 시인 추모 10주년 기념공연과 '예술제'로 점점 더 크게 발전하면서 3년째 사회를 맡는 더 없는 영광과 축복이 내게 계속 되고 있다. 그 와중에 원고청탁까지 받았으니, 난 하늘에서 천 시인님이 장난삼아 돌린 제비뽑기에 당첨된 최고의 행운아가 아닌가 싶다.

　이 영광에 조금이나마 보답하려면 솔직하고 성의 있게 쓰는 수밖에…….

　그래서 그분의 책과 관련서적들을 다시 읽기 시작했다. 거기서 또 한 번 내 무관심과 무지에 가슴을 쳤다.

　선생님 글에 자주 등장하는 선생님의 아들과 같은 문학청년 노광래, 천 선생님이 늘 세금으로 모은 돈 중 50만원을 그가 장가들게 되면 주시겠다고 노래하던, 바로 그 노광래. 천 선생님이 88년 간경화로 춘천 의료원에 입원했을 때 목 여사와 함께 대소변을 다 받아내던 그 노광래라는 분이 바로 내게 명함을 주며 원고 청탁을 하신 분이라니……. 난 그저 출판 관계자 정도로만 생각했을 뿐이었다. 그분은 여태 천 시인님과 목 여사님 손발이 되어 두 분 곁에 계시는데 난 겨우 연극 한 번 했던 인연으로 그 분 앞에 감히 천 선생님에 대한 글을 써내는 건방을 떨고 있다니……. 게다가, 글을 쓰는 데 도움을 받으려 한다며 천 시인 기념공연〈소풍〉의 초대권까지 요구했으니……. 참 아이러니 하고 죄송스러운 인간사에 끼어든 나는 가슴이 답답해져 한참을 심호흡했다. 생전의 천 선생님을 뵌 적이 없기 때문에 그분 옆에서 그분을 정성껏 보필했던 분을 만나니, 더욱 숙연해 질 수밖에 없었다.

연극 〈소풍〉은 정말 감동적이었다.

공연 내내 난 다시 천 선생님의 아내 목순옥 여사가 되어 함께 울고 웃으며 가슴 아팠다. 그런데 정말 이상한 건, 마치 내가 생전의 천 선생님과 함께 오랫동안 생활한 것 같은 착각 속에 빠지기 시작했다는 것이다. 천 선생님이 철없이 구는 장면에선 정말 너무나 미워서 어이구어이구 한숨이 나왔다. '정말 그때 너무나 힘들고 지겨웠어.' 하듯이 말이다. 그건 진짜처럼 내 가슴을 저미며 자꾸자꾸 파고들었다.

공연이 끝나자 나는 곧바로 천 선생님을 만났다. 아니, 그 역할을 한 정규수 선배를 만났지만 난 천 선생님을 대하듯 존경과 애정과 미움과 회한이 겹친 감정으로 손을 잡을 수밖에 없었다. 정규수 선배도 천 선생님의 아이같은 웃음으로 따뜻하게 날 맞아주셨다. 정말 선생님의 시 「들국화」에서처럼 '나와 네 외로운 마음이, 지금처럼 순하게 겹친 이 순간' 이었다.

나 혼자의 착각이든 아니든 난 목 여사님을 그냥 안 뵈면 '내가 바로 목순옥이요!' 하며 소리칠 것 같아, 인사동 찻집 〈귀천〉으로 달려갔다. 다행인지 불행인지 목 여사님은 안 계셨지만 조카 영진 씨가 타준 모과차를 마시며 가슴을 진정시킬 수가 있었다. 그러곤 차분히 생각했다. 난 절대로 목 여사가 될 수 없다고 말이다. 그분이 천재적인 시인이라는 것은 사실이지만 현실에 발붙이고 같이 생활하는 사람에겐 아무 소용이 없다. 그렇게 못 생기고, 생활능력이라고는 전혀 없어 돈 한 푼 못 버는데다가, 씻기도 싫어해서 지저분하고, 알콜중독에, 남을 배려할 줄도 모르고 자기만 알며, 어린아이처럼 철부지 같은 행동만

하는 사람을 난 단 한순간도 남편으로 섬길 수 없기 때문이다. 목 여사님이 아니라면 그 무모하면서도 무조건적이고 무한대적인 사랑을 어느 누가 흉내라도 낼 수 있을까?

마더 테레사의 '한 번에 한사람' 이란 글귀가 떠올랐다.

> 난 결코 대중을 구원하려고 하지 않는다.
> 난 다만 한 개인을 바라볼 뿐이다.
> 난 한 번에 단지 한 사람만을 껴안을 수 있다.
> 단지 한 사람, 한 사람, 한 사람씩만…….(중략)
> 모든 노력은 단지 바다에 붓는 한 방울 물과 같다.
> 하지만 만일 내가 그 한 방울의 물을 붓지 않았다면
> 바다는 그 한 방울만큼 줄어들 것이다…….(중략)
> 단지 시작하는 것이다.
> 한 번에 한 사람씩.

목 여사님이 마더 테레사처럼 무한한 인류애를 갖고 천 시인을 껴안았든, 천 시인의 천재적 재능이 아까워서 껴안았든, 아니면 도저히 피할 수 없는 숙명 같은 인연으로 천 시인님을 껴안았든, 그건 중요치 않다. 단지 그 여리고 작은 가슴 속에 한없이 포근하고 무한한 공간이 있기에 가능한 일이었을 것이다. 그리고 있는 그대로의 그 모습을 아름답다 생각하며 사랑한 마음이 있었기에 가능했을 것이다.

결국, 천 선생님에 대한 글을 쓰려고 그분과 목 여사님의 삶을 거슬러 올라간 것이 저절로 나에 대한 성찰로 이어져 버렸다. 거창하게도

내 아이를 이타심 많은 아이로 키운다며 닦달하는 내 모습이 오히려 이기심으로 가득 찬 모습이라는 것을 깨닫게 되었고, 하나님이 주신 내 아이의 고운 모습 그대로 사랑해야 하는데 '왜 이 아이는 이렇게 다를 수가 있을까?' 하며 자꾸 화를 내는 내 모습에 천 시인과 목 여사님이 다정히 앉아계신 모습이 겹쳐졌다. 천 시인을 있는 그대로 온전히 사랑하신 목 여사님의 잔잔한 미소까지도…….

 이제 깨달았다. 이번 원고청탁은 천 선생님이 하늘에서 내게 보낸 '일침'과도 같은 또 하나의 끈이라는 것을. 살아생전 본 적도 없는 그분에 대한 이야기를 내가 어떻게 쓸 수 있겠는가. 단지 이번 글쓰기 여행을 통해 아름다운 빛을 발견한 한 어리석은 영혼이 잠시 그 맑고 밝은 빛에 눈이 부셔 당황하고 있을 뿐이다. 이제 그 빛에 충실해져서 이 어리석은 영혼도 그 빛을 따라가길 천 선생님은 바라고 있지 않을까? 그리곤 잘했다고 까치웃음을 요란하게 웃어대지나 않으실는지…….

귀천극장(歸天劇場)

정규수(연극인)

詩人이랍니다.
奇人이랍니다.
그것밖에 모르는 제가
아득한 그 무엇을 알려고 합니다.

酒幕燈이 가늘게 떨고 있습니다.
"할머니~한 잔 더 주세요~"
당신이 보고파 마시는 겁니다.
취하고 싶습니다 당신과 함께
아! 별이 아름다운 이 밤에
나 홀로 취합니다.
참 모를 일이네요.
당신의 그 몽롱한 술 잔이 壯嚴하게 보이다니

南山 밑 작은 골방

불꽃 튀는 전기의자에서
동 베를린의 편지를 몸부림으로 읽습니다.
"아입니더. 나는 간첩이 아입니더."
창가에 앉은 새 한 마리 소스라치게 날개 펴네요.
아마 내가 당신인 줄 착각한 게지요.
날고 싶습니다 당신과 함께
아! 어디로든지 날고싶은
나의 날개는 왜 오그라졌을까요.
참 모를 일입니다.
객석에서 흐느껴오는 이 소리
모두가 당신의 그 날을 追憶하나 봅니다.

病室의 꽃 한 송이 밤비에 젖어듭니다.
行旅病者 꿈 속에서 울부짖네요.
"나는~ 시인 천상병이다~"
극장이 떠나 갈 듯한 이 박수 소리 들리십니까?
당신이 살아난 겁니다.
노래하고 싶습니다. 당신과 함께
아 ! 아직도 당신을 맴도는
나의 노래는 어릿광대의 넋두리일 뿐
참 모를 일입니다.
友情이 빚어낸 遺稿詩集
그 뜨거운 感動이 당신에게만 흐르다니

까치웃음 소리

당신이 幸福한가 봅니다.

예쁜 天使라도 만나셨나요.

"나는 세계에서 제일 행복한 사나이다."

아내라는 시를 낭송하고 있습니다.

시는 내가 읊는데

왜 당신의 입이 국화꽃처럼 벌어집니까?

사랑하고 싶습니다 이 세상 모든것을

아! 당신과는 너무나 다른 所願이었기에

나의 사랑은 나에게만 머무네요.

참 모를 일입니다.

당신의 거울에서

내가 벌거숭이 춤을 추고 있다니

브람스 교향곡 제4번이

소풍길을 재촉하네요.

마지막 장면이라 멋지게 장식하렵니다.

"가서, 아름다웠더라고 말하리라"

나는 가서, 뭐라고 말할까요?

……

막은 내리고

당신의 그림자에 내가 묻힙니다.

이렇게 끝날 줄이야

다 당신 때문입니다.
울고 싶습니다 당신을 붙들고
아! 나는 사라져도 여전히 당신은 남겠지요.
참 모를 일입니다
쓸쓸히 돌아서는 내 가슴에
새 한 마리 홀연히 내려 앉네요.
함박눈이 소복이 쌓입니다.

「귀천」 시비를 세우기까지

김선옥(시인/변호사)

나는 천상병 시인과는 얼굴 한번 대면해 보지도 못하였다. 다만 내가 집안 사정으로 고등학교를 중퇴하고 고향인 경북 상주군 화동면에 돌아와 고시준비를 하면서도 문학지망생이었던 터라 당시 종합 문예지인 『현대문학』을 정기구독하면서 당시 이 잡지에 예리한 필봉으로 문학평론을 실었던 천상병 시인을 접하고 그의 열렬한 독자가 되었다. 그러다가 매년 고시에 낙방을 하게 되자 법률공부에 전념하여야 했던 터라 문학과는 아예 담을 쌓고 지냈다.

그러다가 1965년도 제4회 사법시험에 합격하고 사법대학원을 수료한 후 해군 법무관으로 임명되어 포항해병상륙사단에 근무하던 1967년 7월경 신문들에 천상병 시인이 윤이상, 이응노 씨 등과 함께 동백림 간첩단 사건에 연루되어 구속되었다는 중앙정보부 발표가 있어 놀라지 않을 수 없었다. 그후 재판결과, 선고유예의 판결로 석방되었다는 기사도 보았다. 참 안쓰러운 느낌이 들었다.

1971년 12월에 당시로서는 호화장정의 천상병 시집 『새』의 출간소식이 신문이며 방송 등을 통해 알려지며 전국에 화젯거리가 되었다. 이는 천상병 시인이 옥고를 치르고 나와 그때까지 행방불명 되었다고 하여 죽은 것으로 안 주위의 문인들이 돈을 모아 유고시집으로 출판 하였기 때문이다. 그러나 천상병 시인은 죽은 것이 아니라 행려병자 로 취급되어 시립요양원에 가료 중인 것이 발견되어 살아있는 시인의 유고시집이 발간된 첫 경우가 된 것은 두고두고 일화에 남으리라.

그후 1973년경, 신문에 천상병 시인과 그의 아내 목순옥 여사의 시 와 자수전이 종로 1가에 있던 화신백화점 앞 어떤 다방에서 열리고 있 다는 기사와 함께 동백림 사건으로 옥고를 치른 후유증으로 심한 병 마와 싸울 때 시인의 친구인 목순복 씨의 동생인 목순옥 여사가 극진 히 병간호 하다가 결혼하게 되었다는 러브스토리도 함께 소개되었다. 그때 나는 부산 지방법원 판사로 근무할 때였다.

나와 목순옥 여사는 경북 상주군 화동면 화동초등학교 동기동창이 었다. 나는 해방되기 직전 일제 때 국민학교에 입학하였는데 곧 해방 이 되어 일본에서 귀국한 목순옥 여사가 1학년에 같이 입학하게 되어 6·26 이듬해인 1951년도에 졸업할 때까지 같이 공부하였으나 당시 는 남학생과 여학생은 엄하게 분리하여 놓아 서로 말도 못하게 한 관 계로 나는 목순옥 여사를 속으로 좋아하였지만 졸업할 때까지 말 한 번 건네지 못하고 헤어지게 되었다. 목순옥 여사는 울주군 남창여중 을 졸업한 후 다시 상주로 돌아와 상주여고를 졸업하였다는 소식을 풍문에 들었으나 그 후 소식을 끊겨 궁금하던 차에 존경하는 시인 천 상병과 결혼했다는 소식은 참으로 반가운 소식이 아닐 수 없었다.

천상병 시인의 부모님과 형님이 부산 수정동에 사셨으므로 목순옥 여사는 가끔 부산으로 내려오면 나와 서로 연락이 되어 같은 국민학교 동기인 나의 아내와 이옥순, 조성락과 더불어 만나 옛날 얘기며 천상병 시인의 근황에 대하여 서로 이야기하곤 하였다.

1979년도에 천상병 시인의 시집 『주막에서』가 출간되었을 때 그 시집도 부쳐왔다. 그 후 나는 1980년에 변호사 개업을 하고 있었는데 목순옥 여사가 인사동 〈귀천〉 찻집을 열고 천상병 시인이 시를 맘껏 쓰도록 뒷바라지 하였으나 천상병 시인이 간경변으로 고생하다가 1993년도에 귀천하였다는 소식을 듣고 가슴 아파하였다.

그 당시 모든 언론 매체에서 대대적으로 보도하였다. 그 다음해인 1994년도에 목순옥 여사의 자서전인 『날개없는 새 짝이 되어』란 책을 펴내어 각 TV에서 그 내용을 중심으로 천상병의 시 세계와 그 일대기를 목순옥 여사와의 순애보를 중점으로 다큐멘터리로 방영하면서 일약 목순옥 여사는 이를 보는 모든 사람들에게 아예 성녀 스타가 되어 있었다.

1995년도에 천상병 시인의 일대기를 〈귀천〉이란 이름으로 연극화하여 서울에서 성황리에 공연한 다음 부산 시민회관에서 2일간 공연을 하였는데 부산에 있는 우리 부부와 동기들은 이를 매우 감명 깊게 관람하였다.

목순옥 여사가 가끔 부산에 오면 부산에 목순옥 여사를 사랑하는 팬들이 함께 모여 범어사 입구나 해운대에서 저녁을 함께 하곤 하였다. 가끔 택시를 함께 타면 기사가 백미러로 목순옥 여사를 알아보고 인사를 건넨다.

그러던 중 나도 삭막한 법조인 생활에 염증을 느끼던 차 1990년대 후반에 들어서부터 그동안 깡그리 잊어버렸던 시상이 가끔 떠오르곤 하여 그때마다 습작시를 쓰곤 하였으나 유치한 수준에 머물러 있었다. 2002년 1월 모 월간 문학지에 늦깎이 등단할 때의 기쁨은 사법시험 합격 때의 기쁨만큼이나 컸다.

　그때 같이 등단하였던 산청 박득제 시인과 손근호 시인과 함께 저녁 식사를 하던 중 천상병 시인의 시비를 세우자는 데 의견을 모으고, 전화로 목순옥 여사의 동의를 받아, 시비건립장소는 지리산 천왕봉이 보이는 중산리로 정하고 부지 물색은 박득제 시인이 하기로 하였다. 그 후 박득제 시인과 중산리가 고향인 류준열 작가의 적극적인 주선으로 두 분과 같이 산청군 의회의원인 서봉석 의원의 안내를 받아 손근호 시인과 그리고 목순옥 여사와 함께 산청군수님과 의회의장을 방문하여 지리산 천왕봉 밑 중산리 관광단지 내의 수목원자리의 약 300여 평을 시비건립부지로 기증 받고 그 당시 우리가 속해있던 한국 시사랑 문인협회 소속 문인들의 성금을 모아 2002년 5월 12일에 드디어 「귀천」 시비 제막식을 가졌다.

　그 시비에 사용된 돌은 지리산 계곡에 댐을 건설하면서 나오게 된 천여 개의 크고 작은 자연석들 중에서 마침 돌 옆에 하늘로 오르는 커다란 발자국 같은 모양으로 된 높이 약 3미터, 너비 약 2미터인 커다란 수석을 고르고 이를 옮기는 데 기중기와 트레일러를 동원하는 어려운 작업을 마치고 비석 전면에 국전 대상을 받은 서예가 우천 강선규 선생으로부터 천상병 시인의 대표시 「귀천」의 필적을 받아 음각하여 세웠다.

　「귀천」 시비 건립에 가장 애쓰신 분은 산청 현지에 직장을 가진 류준열 작가와 박득제 시인이었다. 시비건립을 마치고 그간 시비건립을 위해 앞장서서 뛰어준 류준열 작가, 박득제 시인과 최해춘 시인, 서봉석 의원, 손근호 시인 그리고 나는 꽃다발과 동동주 과일 등 제수용품을 장만하여 류준열 작가가 제주가 되어 하늘에 고하는 고유제를 지냈다.

제막식은 서울과 지방의 많은 문인들과 산청군의 각 기관장 한국시사랑 문인협회의 문인들, 그리고 목순옥 여사의 지인들이 많이 참석하여 성대히 치러졌다.

그로부터 매년 5월이면 이곳에서 한국 시사랑 문인협회의 주관으로 산청군의 적극적인 협찬으로 천상병 문학제가 열려 천상병 시 문학상을 시상하고 백일장 개최 및 천상병 시세계를 조명하는 세미나를 열고 있다.

이렇게 하여 천상병 시인은 그가 남긴 해맑고 천진스런 시를 통하여 문학을 하는 모든 사람들의 가슴속에 영원히 살아 이어져 간다. 천상병 시인은 비록 귀천하였지만 지리산 중산리에 세워진 시비와 함께 지리산 천왕봉 기슭에 노을 함께 노닐며 아름다운 세상 소풍을 하고 있다.

천상병 시인은 천상 시인이다. 그리고 그의 아내 목순옥 여사는 하늘이 보낸 천 시인의 천상의 배필이다. 그를 아는 모든 사람들에게 그녀의 소녀처럼 티없는 얼굴에 나타나는 고운 심성은 성녀(聖女)와 같은 거룩한 감동을 안겨준다.

천상병 시인, 그는 나와 한번도 대면하지 못하였지만 나의 인생에 커다란 족적을 남겨준 사람이다. 앞으로도 더욱 그럴 것이다.

뉴욕의 〈천상병 시인 10주기 추모제〉를 마치고

최정자(시인)

누구나 떠나고 나면 세월이 가면 잊히게 마련이다. 그런데 천상병 시인은 날이 가면 갈수록 해가 가면 갈수록 더욱 그를 기리는 사람들이 늘어가고 있다. 왜일까?

그는 친지들에게 막걸리 값을 얻어썼지만 걸인이 아니었고, 그는 간첩으로 몰리면서도 전기고문을 당하면서도 정부를 타도하지 않았다.

그는 오직 순진무구한 시인인 자연인이었다. 자연은 훼손을 당하면서도 변함없는 모습으로 모두에게 감동을 준다. 그런 그의 모습을 그는 떠났어도 세월은 갔어도 사람들은 되새기고 싶은 것이 아닐까?

나는 천상병 시인의 6, 7, 8주기를 보내면서 날이 갈수록 그를 잊지 않으려는 사람들을 보면서 그의 10주기는 뉴욕에서 치러야 한다고 생각했다.

나는 그 1년 전부터 그의 10주기를 준비했다. 행사를 위한 후원자들을 만나기 시작했다. 그 때 서울대 의대 출신인 송관호 박사 내외분의 도움으로 천상병 시인이 다녔던 서울대학 총동창회와 상대 동창회 그리고 의사협회의 도움을 얻을 수 있었다. 또한 배시영 회장과 뉴욕 한국문화원과 뉴욕 한국일보의 후원을 받았다. 그러나 약속을 어겨 골탕을 먹이고 후원을 방해하여 힘들게 하는 이도 있었다.

서울에서는 천상병 시인의 부인 목순옥 여사와 가수 이동원 님, 박정희 시인을 비롯하여 13명이 와서 치른 행사는 성황이었다. 뉴욕의 많은 이들을 감동시키는 행사였다.

뉴욕의 퀸스에 있는 금강산식당 연회장은 마침 가까운 야구장 세아 스타디움에서 야구가 있었는데도 그 때문에 길이 막혔는데도 필라델피아에서 코네티컷에서 달려온 동포들까지 2백 50여 명이 참석하여 천상병 시인을 기렸다.

미 동부 문인협회 회원들의 시 낭송 극이나 박양우 뉴욕문화원장의 축사에 이은 시낭송, 그리고 가수 이동원의 노래는 뉴욕 동포들이 천상병 시인을 기리는 데 여한이 없도록 했다.

그렇더라도 지금 나는 좀 더 잘했어야 하는 행사였다고 아쉬워한다. 그날 참석해준 분들께 고맙고 미안한 마음 감출 수가 없어서…….

(2003년 6월 20일을 보낸 후에)